体育训练与教学实践

万淑娥 著

北京工业大学出版社

图书在版编目（CIP）数据

体育训练与教学实践 / 万淑娥著． — 北京：北京工业大学出版社，2022.10
　　ISBN 978-7-5639-8478-7

　　Ⅰ．①体… Ⅱ．①万… Ⅲ．①体育教学－教学研究 Ⅳ．① G807.01

中国版本图书馆 CIP 数据核字（2022）第 186520 号

体育训练与教学实践
TIYU XUNLIAN YU JIAOXUE SHIJIAN

著　　　者：万淑娥
责任编辑：张　娇
封面设计：知更壹点
出版发行：北京工业大学出版社
（北京市朝阳区平乐园 100 号　邮编：100124）
010-67391722（传真）　　bgdcbs@sina.com
经销单位：全国各地新华书店
承印单位：唐山市铭诚印刷有限公司
开　　本：710 毫米 ×1000 毫米　1/16
印　　张：10.25
字　　数：205 千字
版　　次：2023 年 4 月第 1 版
印　　次：2023 年 4 月第 1 次印刷
标准书号：ISBN 978-7-5639-8478-7
定　　价：72.00 元

版权所有　　翻印必究

（如发现印装质量问题，请寄本社发行部调换 010-67391106）

作者简介

万淑娥，女，1976年7月出生，山东省德州市人，毕业于广西师范大学，硕士研究生学历，现在江西师范高等专科学校任讲师。研究方向：体育教育专业。主持并完成市级课题5项，在省级期刊发表论文十余篇。

前　　言

"少年强则中国强"。广大青少年身心健康、体魄强健、意志坚强、充满活力，是一个民族生命力旺盛的体现，是国家综合实力的重要方面。加强体育教学，增强学生体质，对于建设人力资源强国、培养德智体美全面发展的社会主义建设者和接班人，具有重要战略意义。近年来，全国学生体质健康水平下降的趋势得到初步遏制，有些指标出现好转。但总体来看，学校体育仍然是整个教育工作的薄弱环节。针对这一现状所带来的问题，广大教育工作者应本着激发学生健康意识与锻炼热情的原则，从教学与训练两个角度推进当前学生体育训练与教育创新，为我国学生身体素质的提升略尽绵力。

全书共七章。第一章为绪论，主要阐述了体育训练的发展历史，体育训练的内涵与特点，体育训练的目的、任务与基本要求，体育训练的发展趋势，体育训练与体育教学的关系等内容；第二章为体育训练的环境，主要包括体育训练环境概述、体育训练环境的构成要素、体育训练环境设计与优化等内容；第三章为体育训练的基本内容，主要阐述了体育训练中的体能训练、体育训练中的心理训练、体育运动训练的管理等内容；第四章为体育教学的基本内容，主要阐述了体育教学的基本理论、体育教学技能的提升、体育教学内容的划分等内容；第五章为球类运动体育训练与教学实践，主要阐述了足球运动体育训练与教学实践、篮球运动体育训练与教学实践、排球运动体育训练与教学实践等内容；第六章为田径运动体育训练与教学实践，主要阐述了走跑类田径项目体育训练与教学实践、跳跃类田径项目体育训练与教学实践、投掷类田径项目体育训练与教学实践等内容；第七章为体育训练与体育教学模式研究，主要阐述了体育训练与体育教学异同互补、体育训练与体育教学互动模式、体育训练与体育教学协调发展模式等内容。

在撰写本书的过程中，笔者借鉴了国内外很多相关的研究成果以及著作、期刊、论文等，在此向相关学者、专家表示诚挚的谢意。

由于笔者水平有限，书中有一些内容还有待进一步深入研究和论证，在此恳切地希望各位同行专家和读者朋友予以斧正。

目 录

第一章 绪论……………………………………………………………………… 1
    第一节 体育训练的发展历史 ……………………………………………… 1
    第二节 体育训练的内涵与特点 …………………………………………… 10
    第三节 体育训练的目的、任务与基本要求 ……………………………… 12
    第四节 体育训练的发展趋势 ……………………………………………… 16
    第五节 体育训练与体育教学的关系 ……………………………………… 20

第二章 体育训练的环境 …………………………………………………… 21
    第一节 体育训练环境概述 ………………………………………………… 21
    第二节 体育训练环境的构成要素 ………………………………………… 30
    第三节 体育训练环境设计与优化 ………………………………………… 39

第三章 体育训练的基本内容 ……………………………………………… 45
    第一节 体育训练中的体能训练 …………………………………………… 45
    第二节 体育训练中的心理训练 …………………………………………… 61
    第三节 体育运动训练的管理 ……………………………………………… 63

第四章 体育教学的基本内容 ……………………………………………… 67
    第一节 体育教学的基本理论 ……………………………………………… 67
    第二节 体育教学技能的提升 ……………………………………………… 79
    第三节 体育教学内容简述 ………………………………………………… 82

第五章　球类运动体育训练与教学实践 …… 86
第一节　足球运动体育训练与教学实践 …… 86
第二节　篮球运动体育训练与教学实践 …… 94
第三节　排球运动体育训练与教学实践 …… 102

第六章　田径运动体育训练与教学实践 …… 111
第一节　走跑类田径项目体育训练与教学实践 …… 111
第二节　跳跃类田径项目体育训练与教学实践 …… 125
第三节　投掷类田径项目体育训练与教学实践 …… 141

第七章　体育训练与体育教学模式 …… 146
第一节　体育训练与体育教学异同互补 …… 146
第二节　体育训练与体育教学互动模式 …… 148
第三节　体育训练与体育教学协调发展模式 …… 152

参考文献 …… 154

第一章 绪论

体育训练具有悠久的发展历史，无论是在生活中还是在教学中，都发挥着十分重要的作用。作为体育教学的重要组成部分，体育训练不仅有利于学生各方面素质的提高，还有利于我国的运动员向着更专业的方向发展。本章分为体育训练的发展历史，体育训练的内涵与特点，体育训练的目的、任务与基本要求，体育训练的发展趋势分析，体育训练与体育教学的关系五部分。

第一节 体育训练的发展历史

一、新中国成立初期（1949—1965年）

（一）体育训练开展的历史背景

1949年新中国的成立开创了中国历史上的新纪元，中国学校体育由此翻开了新的篇章，也标志着学校体育训练拉开了崭新的序幕。我国在此阶段的工作主要是进行国民经济、社会主义的恢复和改造，在教育方面，我国处于初步摸索阶段，主要借鉴苏联的教育经验和办学经验。学校体育此时从新民主主义时期过渡到了社会主义时期，学校体育的主要工作是改造旧学校体育，建设新学校体育。

1950年我国从苏联引进了《准备劳动与卫国体育制度》，对推动我国学校体育的改革和发展起到了重要的作用，在这一制度的基础上我国也相继颁布了《准备劳动与卫国制度》《体育锻炼标准制度》等，为新中国成立初期的学校体育活动指明了发展的方向。

1957年学校群众性体育训练逐渐开始兴起，此时提出了"为祖国健康工作50年"的口号，青少年也为此受到了很大的鼓舞，参与体育活动的热情非常高涨。1959年国内又出现连续三年的自然灾害，学生出现了生活困难、营养不足、体质健康水平严重下降等方面的问题，这一现状再次波及学校体育训练活动的正常开展。1960年后国民经济逐渐开始恢复，学校体育训练活动也逐渐得以正常开展。

（二）有关体育训练的制度内容

1954年颁布的《关于在中等以上学校开展群众性体育运动的联合指示》一文中指出，积极建立、培养、训练运动队，积极普及与提高体育运动；把体育课、课外体育活动、课余体育竞赛、早操等统一起来。

1956年颁布的《青年业余体育学校章程（草案）》中规定业余体育学校要积极培养青少年运动员高度的爱国主义精神，培养优秀青少年运动员掌握专项运动的技能，推动青少年运动员体质健康发展。业余体育学校制度的建立标志着我国体育训练制度开始呈现规模化的状态，业余体育学校后来也成为我国竞技体育后备人才培养的重要阵地。

1958年10月颁布了《劳动卫国体育制度条例》，要求学校根据学生不同时期身体发育的情况以及学生身心发展的特点将青少年学生分为少年级、一级和二级，目的是根据建设社会主义的需要，鼓励人民经常参加体育活动，增强体质，以便更好地为祖国工作，主要特点是分组比较科学、项目比较简单，并且为青少年学生提供了可选择的发展空间。

由于新中国成立初期的社会背景和阶段性任务是国内各领域各行业的恢复和发展，所以体育训练制度也受此影响，以苏联的教育思想为主，体育训练活动主要以群众性体育活动为主，体育训练主要以上述三个文件为指导，基本形成了青少年三级训练网体系。

（三）体育训练发展的特点

新中国成立初期，国内一切事业都处在起步摸索时期，我国的教育事业主要以借鉴苏联的教育思想为主导，这一时期体育训练的发展特点主要包括以下几方面。

①《劳动卫国体育制度条例》是这一时期开展学校体育活动的主要根据。

②体育训练的制度是在借鉴苏联《劳动卫国体育制度条例》的基础上结合我国现实情况颁布实施的。

③体育训练制度的红色思想和计划色彩非常浓厚，没有明确的训练目标，但能根据参加体育训练的学生的身体发育特点以及年龄性别差异，分级别、分组地开展体育训练活动。

④体育训练开展的项目比较简单，组织管理上没有建立系统的完整体制，但整体看来学校体育也在一定程度上得到了发展。

⑤体育训练开始成为竞技体育后备人才的重要培养形式。

二、曲折发展时期（1966—1976年）

（一）体育训练开展的历史背景

1966年5月起，学校体育的开展受到严重的冲击和破坏。教育领域也受到影响，学校体育事业严重倒退，学生体质健康状况明显下降，群众性体育活动与竞赛也遭到了破坏，学校体育竞赛工作几乎处于停顿。

国内体育训练和竞赛活动在1971年第31届世界乒乓球锦标赛后，特别是邓小平1973年针对当时的状况提出一系列调整措施后才开始不同程度地恢复，正是提出的这些调整措施，使得学校体育的发展重新焕发出了生机。直到1976年后，我国经济逐渐稳定，学校体育开始恢复。

（二）有关体育训练的制度内容

1967年我国根据军队的编制对学生进行军事化管理，学校每天对学生进行军训，学校的课程全部停止，并取消了班级建制。

1971年召开全国体育工作会议，在这次会议之后各级各类学校的工作开始逐渐恢复起来。

1972年9月，国家体委、国务院科教组联合印发了《全国青少年业余体育学校工作座谈会纪要》，其中提出要积极贯彻毛主席革命体育路线，要办好青少年业余体校，要积极落实中央提出的"从儿童抓起"的指示，培养运动员后备人才，广泛开展群众性体育活动。

1975年《国家体育锻炼标准》颁布，鼓励人民群众积极地参加体育训练，青少年和儿童作为重点人群，为了更好地建设社会主义和保卫祖国，要积极参加体育训练，增强自身的体质并提高运动水平。

（三）体育训练发展的特点

①体育教师没有后备师资队伍补充，师资资源严重紧缺；优秀体育人才没有后备人才补充，且优秀体育人才大量流失。

②学校体育场地器材设施被大量破坏和占用。

③体育训练基本处于停滞阶段，没有目标也没有组织。

④群众性体育活动与课余体育竞赛在此期间也遭到严重破坏，学校体育训练与竞赛开始以分散的小型竞赛形式出现。

三、恢复与发展时期（1977—1984年）

（一）体育训练开展的历史背景

1978年，邓小平提出把工作重心转移到社会主义现代化建设和改革开放上来，这个战略决策成为这一历史时期的指导思想，我国各项事业也因此得到了新的发展，教育事业遇到了好的发展时机。

1979年召开"扬州会议"，会上明确了以增强体质为主要的学校体育思想，学校体育工作自此开始逐渐恢复和发展，学校体育的重要地位也得到重新确立和恢复。

1982年第十二次全国人民代表大会召开，大会提出开创社会主义现代化建设的新局面。

1983年全国学校体育卫生工作会议确定了以体质、普及、坚持经常锻炼、预防保健四个方面为主的指导思想，并总结了1979年"扬州会议"之后学校体育卫生工作取得的突出成就和存在的主要问题。

（二）有关体育训练的制度内容

1983年颁布了《体育传统项目学校试行办法》，在当时该制度文件促进了学校体育的发展。

1984年10月《关于进一步发展体育运动的通知》颁布，提出了尽快将我国建设成为体育强国，为了缩小我国与世界体育强国之间的总体差距，提出了坚持普及与提高相结合的策略，体育运动开始不断朝着新的范围和高度发展。

（三）体育训练发展的特点

恢复与发展时期，针对体育训练虽然没有专门的制度，但相关制度的出现使学校体育训练的开展有了依据。这一时期体育训练发展的特点主要包括以下几个方面。

①开始注重体育训练计划的制定。

②注重学校体育训练的科学性，例如，规定了学校体育每周的训练频率和训练时间。

③初步建立了学校体育竞赛制度，对学校体育训练队伍开始加强管理。

四、规划发展时期（1985—2000年）

（一）体育训练开展的历史背景

1985年5月召开了全国教育工作会议，党中央在总结当前教育经验的基础上颁布了《中共中央关于教育体制改革的决定》，这一文件也成为中国未来教育发展的跳板，为我国教育事业的进一步发展制定了宏伟的发展规划。同年又召开了全国学校学生体育训练工作座谈会，会议研究并讨论了体育训练的指导思想、体育训练开展的规律以及关于体育训练的管理等工作，会上提出了对体育训练教师进行岗位培训的具体措施。

1989年8月全国培养体育后备人才试点工作座谈会召开，会议指出当前阶段要根据历史经验尽快制定相应的政策和制度，以便今后进一步顺利开展学校体育训练工作。

1995年《中华人民共和国体育法》正式公布实施，这标志着我国学校体育的发展开始有了明确的法律保障，推动了青少年体育法制朝着广阔的方向发展。

（二）有关体育训练的制度内容

1986年11月11日，《关于开展体育训练，提高学校体育运动技术水平的规划》（以下简称《规划》）一文颁发，对学校体育训练的指导思想、体育训练的目标、体育训练的任务以及体育训练的发展方向作出了明确的规定。《规划》指出：体育训练的目的是培养优秀的竞技体育人才、促进国民身体健康，体育训练的主要任务是促进学生身体健康、培养学生终身体育的习惯和意识、促进学校体育校际和国际间的交流《规划》把体育训练的奋斗目标划分为三个发展时期：第一个时期主要是培养高水平学生运动员，第二个时期是规范体育训练的发展方向，第三个时期是形成我国学校体育训练体系；主要措施有改革体育训练的招生方法、延长学生运动员的学习年限、提高教练员的专业水平、加强体育训练的科学研究、增拨体育训练经费、加强体育训练的组织领导等。

1988年7月29日，发布了《关于中学培养体育运动后备人才试点工作的几点意见》，对学校体育训练提出了几点发展的要求：一是系统培养体育后备人才，先在发展较好的学校进行试点；二是加强对试点学校工作的督导；三是促进青少年学生全面发展；四是正确对待开展群众性体育活动和开展学校体育训练的关系；五是做好运动后备人才招生工作；六是根据学生不同生长时期的身心发展特点科学开展体育训练；七是试点学校通过多种渠道从社会筹集体育训练经费；八是建立评估制度，表扬先进试点学校。

1990年5月14日《学校体育工作条例》发布，主要内容有：第一，学校要积极开展丰富多彩的体育训练活动；第二，学校要注意加强学生运动员的营养，关注参加体育训练学生的文化课学习，合理安排体育训练的时间；第三，积极开展学校体育竞赛活动；第四，三年举行一次全国中学生运动会；第五，学校体育要贯彻落实国家有关的体育竞赛制度，要树立良好的学校体育竞赛赛风。

1993年国家教委印发了《全国培养体育后备人才试点中学评估体系及办法（试行）》。1997年6月国家教委印发了《学校体育训练座谈会纪要》，进一步确定了我国学校体育工作今后的指导思想和发展方向，学校体育在认识上得到了进一步的统一，并指明了今后一段时期学校体育训练的发展方向。1986年颁布的体育训练制度是体育训练开展的纲领性文件，后面颁布的文件都是以1986年的制度文件为依据补充颁布的。

（三）体育训练发展的特点

规划发展时期，我国体育训练工作进入规范化、制度化发展的历史新阶段。这一时期体育训练的发展特点主要包括以下几个方面。

①我国学校体育训练在《关于开展课余训练，提高学校体育运动技术水平的规划》指导下发展迅速，该文件成为这一时期学校体育工作的纲领性文件，体育训练开始进入健康发展的新阶段。在这之后很多关于体育训练的制度都是在《关于开展课余训练，提高学校体育运动技术水平的规划》这一基础上进行颁布和调整的，《关于开展课余训练，提高学校体育运动技术水平的规划》在很长一段时间内规范了我国学校体育训练工作的开展。

②体育训练制定了明确的培养目标和任务。

③国家建立起了一套较为成熟的管理体制，保障了体育训练有序、正常开展。

④一系列相关管理文件相继出台，学校体育训练的组织管理工作得到加强和保障。

五、稳定发展时期（2001—2016年）

（一）体育训练开展的历史背景

2002年党的十六大召开，提出了我国的奋斗目标，即全面建设小康社会。同年中共中央、国务院印发了《关于进一步加强和改进新时期体育工作的意见》，该文件对全面深化体育改革和筹办好2008年奥运会作了谋划，强调重视青少年体育工作，青少年体育工作在此遇到了新的发展机遇。

2004年国务院批转教育部《2003—2007年教育振兴行动计划》的通知中指出，必须实施科教兴国战略、人才强国战略，必须在现代化建设中优先发展教育，它是实现全面建设小康社会和中华民族伟大复兴的宏伟目标的重要途径。

2007年5月7日，中共中央、国务院印发的《关于加强青少年体育增强青少年体质的意见》中提出，当前我国青少年体育和青少年体质的发展状况与科学发展观的全面落实、党的教育方针的贯彻、素质教育的大力推进以及中国特色社会主义事业建设者和接班人的培养紧密相关。同年10月党的十七大召开，会上明确提出实施科教兴国和可持续发展战略，以及实行优先发展教育的战略决策。

2008年我国举办了第29届北京奥运会，不仅促进了我国社会主义物质文明和精神文明的双重发展，同时也推动了我国体育事业的广泛发展。

2010年《国家中长期教育改革和发展规划纲要（2010—2020年）》颁布实施，总体规划了我国的教育事业。

2016年6月国务院印发了《国务院关于印发全民健身计划（2016—2020年）的通知》，该文件指出青少年人群是开展全民健身计划的重点人群，要积极开展青少年体育活动，加快建设竞技体育与全民健身人才队伍。为了《奥运争光计划纲要》和《青少年体育"十三五"规划》得到进一步贯彻落实，同年9月份《体育总局办公厅关于开展国家高水平体育后备人才基地（2017—2020年）认定工作的通知》颁布实施，主要内容有后备人才基地申报方式、认定程序、相关要求三个方面。

（二）有关体育训练的制度内容

2006年教育部、国家体育总局印发了《教育部、国家体育总局关于进一步加强学校体育工作，切实提高学生健康素质的意见》，其中对学校体育训练提了七个方面的要求：一是加强对学生体育训练和竞赛活动的支持和指导；二是鼓励学生积极参加体育活动，提高学生参加体育的兴趣；三是培养、选拔优秀体育人才；四是加强体育传统项目学校的评估工作；五是重视参加锻炼学生的文化课，重视学生运动员的思想品德教育，合理安排学习与训练的时间；六是加强教育部门和体育部门之间的合作；七是要根据学生的自身发展特点结合本地区、本学校的实际情况以及历史传统等开展体育训练。

2012年国务院印发《国务院办公厅转发教育部等部门关于进一步加强学校体育工作若干意见的通知》，该文件指出学校体育的任务是提高学生的体质健康水平，学校体育的目标是增强学生体质；此外还提出了减轻学生的学习压力、健全竞赛体制、增强体育训练和竞赛活动开展的合理性、促进学生群众性体育活动的多样化等。

2016年4月国务院印发了《国务院办公厅关于强化学校体育促进学生身心健康全面发展的意见》，该文件提出学校开展体育训练要根据学生的生长特点和运动训练规律，要认真看待学生文化课学习和训练的关系，经常开展各种各样的校园体育竞赛，鼓励学生经常参加运动，制定科学规范的管理办法，打通各级专业运动队、代表队的输送渠道等。这一时期颁布的体育训练制度大部分是对前面体育训练制度的继承和发展，同时也标志着体育训练在这一时期及之后走向成熟，开始稳定发展。

（三）体育训练发展的特点

稳定发展时期我国体育训练制度已经比较成熟，在此阶段体育训练的发展特点主要包括以下几个方面。

①体育训练在学校工作中得到全面的普及和推广。

②国家开始关注全体学生的培养，并开始注意学生的学训矛盾，相关体育训练制度能够满足学生多样化的体育需求。

③体育部门和教育部门尝试合作并构建了县、市、省、国家四级竞赛体系，建立了多种形式的竞赛制度。

④学校体育训练制度较为规范化和系统化，学校体育训练的发展也比较迅速。

六、新时代高质量发展时期（2017年至今）

（一）体育训练开展的历史背景

2017年1月国务院印发的《国务院关于印发国家教育事业发展"十三五"规划的通知》中提出立德树人是学校体育的根本任务，要全面提高学生的身体素质和意志品质，改革学校体育训练和竞赛体系，因地制宜地开展体育竞赛和体育训练活动。

2017年10月18日中国共产党第十九次全国代表大会召开，这标志着我国进入新时代发展时期，大会确定了全面建成小康社会、全面建设社会主义现代化国家新征程的目标，并提出了在新时代坚持和发展中国特色社会主义的基本方略。

2019年2月23日，中共中央办公厅国务院印发《中国教育现代化2035》，文中提出我国到2035年总体实现教育现代化，推动我国教育治理体系、治理能力的现代化发展,推动我国到 2035 年迈入教育强国行列,促进我国快速建成学习大国、人才强国、人力资源强国。同年 9 月国务院发布《国务院办公厅关于印发体育强国建设纲要的通知》,提出青少年是开展体育活动的重点人群,要提高青少年的身体素质和促进青少年养成健康的生活方式,政府部门、教育行政部门和学校的考核体系与学生的体质健康状况相挂钩。

2021 年中共中央办公厅、国务院办公厅印发《关于进一步减轻义务教育阶段学生作业负担和校外培训负担的意见》,提出了减少学生作业量和写作业的时间、提升课后服务质量、规范校外培训机构、提升学校教育教学水平等一系列要求。

(二)有关体育训练的制度内容

2017 年 11 月颁布了《关于加强竞技体育后备人才培养工作的指导意见》,对体育训练的发展提出了要求:一是坚持"一校一品"建设;二是鼓励各级各类学校积极开展体育教学和体育训练活动;三是支持学校创新体育后备人才一条龙培养模式。

2020 年《关于深化体教融合促进青少年健康发展的意见》印发,首次将体教融合写入国家政策文件,主要内容是支持大中小学校建设学校代表队、成立青少年体育俱乐部;建设传统特色学校和高水平运动队,建立完善青少年体育赛事体系;设置专(兼)职教练员岗位,提高教练员的专职化水平,鼓励优秀退役运动员和教练员担任学校体育教师。

2020 年《关于全面加强和改进新时代学校体育工作的意见》印发,文件提出形成中华传统体育项目训练竞赛体系,促进青少年学生积极参加体育训练和课余体育竞赛活动;建立大中小学一体的体育竞赛体系,构建四级学校体育竞赛选拔制度;设立专(兼)职教练员岗位,聘用优秀退役运动员为体育教师或教练员;把体育教师课下辅导学生的工作量等计入日常工作量中,完善体育教师职称评聘的标准,使体育教师能够享受和其他学科教师一样的待遇。

(三)体育训练发展的特点

这一时期体育训练发展的特点主要有以下几个方面。

①从这一时期颁布的制度的内容来看,国家尤为重视学校体育的全面发展、学生的全面发展、竞技体育后备人才的全面发展。

②这一时期的学校体育训练主要围绕开展现代化学校体育和现代化体育训练的目标开展,更加注重全体学生在体育训练中的参与度,更加注重学生在体育训练中的收获与体验。

③这一时期社会对体育训练的作用赋予了更大的意义，它与国民体质健康水平的提升等有着更深刻的联系。

④国家和社会从多方面关注到青少年学生的体质健康状况，体教融合的开展为体育训练指明了改革方向，"双减"政策的实施为学校体育训练提供了更广阔的发展空间。

第二节 体育训练的内涵与特点

一、体育训练的内涵

体育训练是指学生在专业教师的指导下，进行有组织的体育活动，以达到提升学生运动能力和竞技素质的目的。在体育训练的过程中，学生的体育技能和身心状况都能得到有效提升。体育训练并非一个静止不变的过程，相反，它是一个动态过程。

总的来说，体育训练的内涵有二：一是体能训练；二是运动技巧训练。体育教师通常情况下会在体育课堂中依据教学大纲、学生的实际情况设计合适的教学计划、安排合理的教学内容，根据教学计划的各个环节由易到难逐渐教会学生各种体育理论以及技巧。

区别于体育教学，体育训练在其过程中最为显著的特征是竞争性。体育教师更为关注学生在竞赛中的成绩，在内容安排上也更注重查漏补缺，即对于学生的不足着重进行训练，以此来保证学生可以实现全面发展，可以在实际训练过程中突破自我。学校体育训练在某种程度上丰富了体育人才的培养渠道。通过观察发达国家体育事业的发展可知，发达国家对学校体育非常重视，通过大力开展学校群体性体育活动，发掘具备体育运动天赋与特长的运动人才，进而开展针对性的专业训练，这样不仅能提升学生的体育竞技水平，还能为国家输送大量优秀的体育运动人才。

在我国体育教学中，进行体育训练是培养学生的重要工作内容，对于学生的发展有着重要作用。当前，在我国全民健身的背景下，教育部门对学校教育教学有了更高的要求，鼓励校园积极开展体育训练，以促进学生健康发展、树立终身体育意识。

首先，学校体育训练对于学生身体健康有重要的影响。学生是我国社会人才的储备力量，对于我国未来的发展有重要的作用。而最近几年的健康调查显示，我国大部分学生的身体素质不断下滑,主要原因包括缺乏锻炼、生活习惯差、生活压力大等。而体育训练的展开,能够帮助学生养成良好的体育运动习惯,同时也有助于学生的心理健康发育。其次,学校体育训练有利于学生日后的发展。对于学生而言,拥有良好的身体状态也有助于保证其具备良好的心理状态,使学生能够更快适应未来的生活压力和工作压力。同时,学校体育训练的良好展开,能够促进学生身体素质的提高,使学生具有良好的身体状态。

二、体育训练的特点

(一)体育训练的全面性

在进行体育训练时,教师不仅要以专业性为要求对学生进行训练,还要注意学生身体的全面、协调发展,不应单独对学生某一部位进行训练,应使身体的各个部位都能够得到锻炼,这样才能实现全面化的训练目标。除此之外,体育训练作为长期的体育行为,教师要有计划、有针对性地对学生进行科学的指导,因为不是随随便便就能成功的,学生需要持之以恒、坚持不懈地努力,以便促进自身身体素质的有效提升,使自身的运动能力得到提高。

(二)体育训练的健康性

适量的体育训练是为了更好地提高学生身体的健康性能,因此,体育训练必须要在保证学生身体健康的条件下进行。教师在进行体育训练时,不仅应重视以训练为目的的身体素质教育,还应对学生进行思想健康教育。在进行高强度体育训练时,要把身体承受范围放在第一位,不要盲目地追求训练结果,避免学生在参加体育训练时受伤。因此,教师应合理、健康地制订体育训练计划,做好运动前的热身工作,为学生创设健康的体育训练课程。

(三)体育训练的针对性

教师不仅要在体育训练中面向全体学生,也要注重学生身体素质的差异性。因此,教师应及时了解全体学生的情况,有针对性地训练学生的薄弱项目,根据学生体能的差异,做到因材施教,使学生在体育训练中真正得到体质的提升。

除此之外,由于学生对训练项目的掌握程度存在着差异,针对性的体育训练就显得尤为重要。因此,教师可以对学生个体的技能掌握程度进行考量,为学生的薄弱项目制定合理的训练内容,在这些方面加强训练,不仅可以使学生在训练中找到自信心,还能提升学生的体能,使学生真正在运动中得到身体素质上的全面提升。

（四）体育训练的主动性

学生在体育训练中应养成积极主动的训练习惯，主动参加每一天以及每一个项目的训练。积极主动地训练有利于学生提升自我调控能力。同时，学生还应通过教师的专业指导对自身薄弱项目进行调整和提升，培养自身独立思考与解决问题的能力，并能够结合训练的内容进行自我调适，寻求更适合自己的训练体系，实现专业技能和综合素质的快速提升。

（五）体育训练的多样性

青少年活泼好学、精力旺盛，但同时也容易出现注意力不集中、意志力较差、情绪不稳定等问题。因此，在训练过程中，体育教师要采取多种多样的训练方法和手段，激发学生的兴趣，调节情绪，培养学生坚韧不拔的精神，从而高效地提高学生的心理素质水平。

体育训练的这些特点，决定了体育训练的任务、内容、形式和方法不同于专业训练。教师应按照体育训练的特点，遵循青少年生理和心理发育的客观规律，力求让学生科学、有效地进行训练。

第三节　体育训练的目的、任务与基本要求

一、体育训练的基本目的、任务

体育训练的目的主要是指体育训练所要达到的总目标或要争取达到的最终结果，而其任务是由自身和社会发展的需要以及体育训练的功能决定的。体育训练具有以下目的与任务。

（一）提升学生的身体素质

1. 改善学生的身体形态

身体形态是指人的身高、体重、胸围、四肢围、体脂以及四肢与躯干长的比例等。就目前来看，我国许多学生存在肥胖与体质虚弱问题，并且这个问题呈现出逐年递增的趋势。对于身材肥胖的学生而言，积极参与体育训练，能够有效减少脂肪和降低体重。而对于体质虚弱的学生，积极参与体育训练，能够有效增加他们肌肉的体积，强化他们的骨骼，进而改善他们的体质。

2.提高学生的身体机能

身体机能是指人体各器官系统的工作能力。当前，很多学生承受着学习、生活、情感与就业等方面的多重压力，经常失眠多梦、没有胃口、胸闷气短，诸多问题严重影响了他们的健康成长。这就需要他们积极参加体育训练，通过体育训练，改善大脑供血与供养能力，提高中枢神经系统的工作能力；能量消耗较大的体育训练，能够加快新陈代谢，提高消化系统的工作能力；体育训练还有助于增强心脏收缩能力，提高心血管系统的工作能力；体育训练也有利于增强呼吸肌力量，增加肺通气量，提高呼吸系统的工作能力等。

除此之外，体育训练在一定程度上还可以促进学生神经肌肉的发育。长期参与体育训练的学生，其自身的神经细胞能够接触到更丰富的葡萄糖，同时氧气供应量也能够得到增加，使平日里一直处于紧张状态的大脑能够通过运动来获取足够的养分，改善学生的神经系统功能，提高学生的反应力以及敏捷性，为大脑提供良好的放松环境，从而为紧张的学习生活缓释压力。

3.发展学生的身体素质

身体素质是人体肌肉表现出来的能力，如力量、速度、耐力等，它取决于个体的身体形态与各器官系统的功能等。对于青少年而言，虽然绝大部分时间是在进行理论学习，但力量、耐力、灵敏与柔韧等素质对他们的日常生活、学习与娱乐都是有很大帮助的，尤其是对一些具有体育运动爱好或将来想要从事特殊职业的学生来说，这些素质更是非常重要。学生积极参与体育训练，能够有效改善身体形态，改善各器官系统的功能，这些作用综合起来进一步促进了学生身体素质的发展。

（二）提升学生的体育技能水平

正确落实体育训练活动，能够为体育运动技能训练奠定基础。经常性的体育训练能够帮助学生提升体育技能，体育训练要求的速度、精准度、持久性，有助于提升学生的体育技能。体育训练具有训练强度大、时间长的特点，能够对培养学生的基础体育运动技能起到一定的促进作用。体育技能都是通过体育训练逐渐形成的，训练难度逐层增加，如训练密度逐步增加、训练速度和精准度逐步提升，有利于学生的动作更加规范熟练，技能更加稳定。

（三）提升学生的心理素质

1. 可以帮助学生缓解心理压力

不可否认，现在的学生相比过去会承受更多的压力，这种压力是多方面的。当代学生这一特殊群体，一方面会在一定程度上承受来自父母、社会的压力，父母多数望子成龙、望女成凤，这些都会无形中给学生带来一定压力；另一方面还会承受来自职业、前途规划等方面的压力，这些压力轻则会影响学生的正常生活以及学习，重则会使学生出现心理问题。因此，教会学生如何正确面对以及处理现实生活中的问题就显得尤为重要。对于这点，体育训练表现出十分显著的优越性。参与体育训练，能够帮助学生更加深入地认识自己，从而更加坚定自己的正确认知，而对于一些错误认知则能及时加以调整；可以帮助学生分清主次，认识到哪些是他们真正想要的，从而全身心地投入到真正有意义的事情上。另外，学生参与体育训练的过程能有效降低心理压力，摆脱不良情绪的困扰。

2. 能够改善并提升人际交往的能力

心理健康与体育训练之间存在着十分密切的联系。社交理论的相关学者认为，学生在参与体育训练的过程中，不光能够密切与同学之间的关系，还能在一定程度上改善心理状态，促使自身实现身心全面发展。反过来，学生的心理状态也会对体育训练产生一定反作用。倘若学生的心理消极、状态不佳，那么势必会导致学生难以和其他人建立起良好的社交关系，这种情况即便是在体育训练的过程中也无法改变，甚至还可能会因为社交障碍、社交恐惧等无法同他人一起参与体育训练。反之，如果学生本身就有较强的社交能力，体育训练可以凭借其特性，为学生提供与他人进行交流、合作的机会，进而让学生得以在短时间内接触到新伙伴，并与伙伴进行合作配合，以此来拓展其交际圈，形成良好的人际关系。

3. 能够让个体发展更加全面

学生心理是否健康的重要表现之一是学生的人格是否全面。体育训练可以为学生全面发展助力。一方面，学生会在参与体育训练的实际过程中通过战胜挫折、完成任务来提升自己的身体素质、强健自己的心智；另一方面，学生还可以在观看体育竞赛的过程中感受到体育精神，坚持公平正义。此外，学生还可以在追逐体育明星的过程中学习其身上所独有的精神，以积极、正面的心态面对生活中的困难。无论是哪个体育明星，我们究其成名之路都可以发现，他们之所以可以取得成功，与其坚毅的品格力有着不可分割的关系。

4. 能够激发学生认知的潜力

学生在参与体育训练的实际过程中除了会使自身的身体素质有所提升之外，还能挖掘自身的潜力，即引导学生发现自己在体育方面具有突出的一面。这种对于自我潜能的认识从本质上来说就是学生对于自我的深入认知。

（四）培养学生的规矩意识

在校园内，体育训练中的规矩意识，主要指的是教师以及学生在体育训练中需要遵守相关制度，如遵守最基本的体育道德，以公平、公正、公开、认真负责的态度开展体育训练工作。

教师作为体育训练的计划者以及实行者，从思想层面会潜移默化地帮助学生了解规矩意识；在体育教师的指导下，学生遵守纪律、自我约束，不仅能体验到体育训练的乐趣，还能增强体育训练参与意识。

教师具有榜样作用。在体育训练过程中，规矩是训练课堂纪律以及比赛时的一切行为标准。教师在进行示范时，为学生提供标准、优美的体育训练示范动作，能够帮助学生树立规矩意识，从而更加有序地开展体育训练，更加有规矩地参加各大体育活动，增强自身认同感。

体育竞技场对规矩意识有很高的要求，学生多参加体育竞赛，不仅能够更好地学习体育规矩意识，也能发现自身体育规矩意识中存在的问题，进而自行进行完善，更好地遵守规矩。

二、达到并完成体育训练目的与任务的基本要求

体育训练如果想要取得一定效果，就需要制定一套机制。没有任何目的与任务要求的体育训练会让训练的效果大打折扣。为此，在达到并完成体育训练目的与任务上，提出了如下的要求。

①使体育训练的目的性更明显，将体育训练的目的贯穿整个训练生活，避免学生漫无目的地进行体育训练。明确体育训练的目的，有利于增强学生的主动性、责任感。

②体育训练不应该是一成不变的，教师要采用适宜的方法进行训练，因材施教，对不同学生采取针对性的训练方法。这种方式可以有效提升学生的运动潜能，收到良好的训练效果。

③体育训练不可能只涉及一个任务，在任务出现冲突时，要采取有效的方法将冲突化解，正确合理地处理两者之间的关系。体育训练的任务之间相互关联，

具有相互推动的作用效果。在体育训练中,应该正确处理好身体训练、技战术训练、心理智力训练和政治思想教育等之间的关系;与此同时,还应该处理好各项任务内部要素,如形态、机能、运动素质之间的关系,只有这样才会更有利于完成体育训练的任务。

第四节 体育训练的发展趋势

一、多元化培养运动人才

(一)重视开发学生的认知能力

体育运动是人体的一种行为,同时体育运动也是维持人体"动"与"静"平衡的重要方式之一。体育运动中的每一个动作不仅有益于人的身体健康,同时对青年尤其是青少年认知能力的开发具有很大的帮助作用。科学研究发现,人类平时使用较多的是大脑的左半球,人体大脑的右半球主要负责形象思维以及空间的辨认,因此许多发明家的大脑右半球都十分发达。适当的体育运动可以开发学生们的认知能力,发展学生们大脑右半球的想象和形象思维能力,只有左右半脑交替使用平衡发展,才能将大脑的功能开发到极致。

(二)重视学生的情感投入

在校园体育训练的过程中,单一地按照教师的指令进行相应的动作训练是达不到提升效果的,只有将情感与认知能力相结合才能有所收益。在传统的体育训练中,更多的是维护体育教师的权威,保证课堂纪律,从而忽略了学生在情感方面的诉求,不仅使学生们的天性得到了抑制,还令学生对这种被迫学习的模式感到厌烦。为改善这一现象,学校开始重视学生在校园体育训练过程中的情感投入。在体育训练的课程中增加实践操作和兴趣活动,将学生的体育课堂与生活联系在一起,使学生对体育产生更大的学习兴趣,从而主动积极地学习体育知识。只有学生在课堂中投入了情感,才会有维持学习的动力,这样的体育训练才能算是快乐的、成功的。

(三)重视培养学生的体育能力

体育训练可以让学生拥有强健的体魄,也可以让他们在某些领域中脱颖而出。在传统的体育训练中,人们往往把重点放在培养学生各方面的体育能力上,试图让他们掌握各种体育技能。但是，在有限的训练时间里，这样不仅会使学生对体育训练产生厌倦的心理，还会导致学生的学习技能过于繁杂而无一方面特长。因此，新型的体育训练采取多元化的训练，学生可以根据自己在体育方面的特长或爱好选择不同的体育运动项目，提高自己单方面的技能，把更多的精力放在自己的专长上，使学生在某一方面得到最好的训练，从而达到精通的状态。

二、积极发展项群训练理论

所谓的项群训练理论主要是为了提高学生的运动技能，即将学生需要训练的项目进行项群细分，然后结合具体的运动项目对学生进行专业的指导和训练。项群指运动项目的不同类属。项群训练理论揭示了项群运动的基本规律，它将一般运动训练理论与专项运动训练理论较好地融合在了一起。

项群训练理论比较鲜明的特点就在于其将训练内容、训练组织、训练目标和负荷量度作为主导因素进行训练，借助项群可以快速地掌握不同分类群体之间的规律以及特点，如短、中、长距离跑，短、中、长距离游泳、划船、滑雪等是体能主导类；体操、射击、花样游泳、武术等是技能主导类。应根据学生的实际情况，有针对性地开展训练工作，采取不同强度的训练，提升学生的综合素质。对于击剑、乒乓球这样的对抗类运动专业的学生，要培养其精确的战术能力与灵敏的反应能力，使学生在比赛中克敌制胜；对射击类运动专业的学生，则要提高其射击的精准度以及在比赛中专心致志的能力。项群训练理论无论是对于体育运动项目的发展，还是学生综合技能的提升都可谓是有百利而无一害的。

三、更新体育训练观念

体育训练不可能是一成不变的，随着运动员综合技能的提升、年龄的增长以及身体素质的变化，体育训练的内容以及方法等也将随之而出现多种新变化，所以说体育训练的观念必须及时更新。

当前，随着竞技运动逐渐朝着严格化和标准化的方向发展，各项体育运动经过长时间的发展都具备了非常严格和完善的规定。传统的训练方式已不能更好地培育出顶尖的专业运动员。另外，传统的训练方式也没有充分考虑运动员的实际诉求，并且训练过程中没有结合运动员的实际身体情况以及心理素质做好运动训练创新工作，那么相关工作的开展就会不理想，使本就宝贵的时间白白浪费掉了。基于这样的原因，必须更新体育训练观念，摒弃"重专项，轻体能"的训练思想，积极地学习西方优秀的体育训练理论和方法，结合我国体育运动发展实际，创新相关工作内容，大胆地进行求证，进而更好地发挥体育训练在体育运动中的积极作用。

总而言之，体育训练的内容并不是一成不变的，从该学说传入我国至今，其在实践中发展，相关内容一直都在不断深化和完善，而在未来随着研究的深入，相关理论还将不断丰富，其必将更好地为社会和人民服务，展现出自身应有的价值和作用。

四、提高体育训练学科的综合性

体育训练学科未来的发展趋势，是由本学科的主体内容，以及未来社会的发展趋势共同决定的。体育训练学科是一门结合了诸多学科的综合性学科，它具有跨学科、跨领域、多层次等特点，并且它还是一门文理双科都可兼顾的学科，其内容的广泛性、可包容性，是任何一门学科都不可比拟的。其中，体育训练学科又包括内部综合和外部综合。在内部综合中，体育训练是一门交叉性极强的学科，与此同时，它还需要根据社会发展的趋势和未来体育的走向，进行内部的综合与结合。随着我国经济的发展，人民生活水平不断提高，身体素质的提升也成为精神需要的一种。面对这种趋势，体育训练学科中，就需要加入休闲体育，休闲体育的加入，使得体育训练学科建设可以不断地适应时代的发展。体育训练学科的壮大和发展，也必然是未来的一个重要的发展趋势。

我国民族体育的传承，同样是我国文化传播的一种体现。我们应该将民族体育带入体育训练学科的建立中，把握国家的文化发展战略，将民族体育融入进去，这种融合将会形成一种共赢的局面。

在外部的综合性中，我们不难看出，体育训练学科是一门集多门学科为一体的综合性学科，其具有的特殊意义是不言而喻的。在外部的综合性融合中，它包含了心理学、自然科学、工程建筑学、教育心理学等诸多其他门类的学科。在这个高速发展的社会，每一学科的进步，都将带动体育训练学科的进步和发展。在未来的体育训练学科的建设中，只有不断地综合其他学术学科，不断进行内部和外部的综合，才能适应未来社会的发展需要，才能在未来的竞争中取得更多的生存空间与优势。

五、发挥体育训练学科的独特性

从长远的角度来说，我国体育训练学科的发展，目前依旧处于初级阶段，想要在未来的发展过程中越走越远，就必须借鉴大量其他学科的发展经验。若不能在诸多的学科发展的经验中寻找到属于体育训练学科自己独有的特色道路，那体育训练学科必将在未来的激烈的竞争中被其他专业所代替，或者被社会直接淘汰。

要想将体育训练学科的独特性与特色完全地发挥出来，就必须从专业性比较独特的体育项目入手，大力发展可创新空间，制定以体育训练教学为主的教学发展目标。要明确体育训练学科在体育教学中的任务，不能在跨领域、跨学科的融合之中成为别的学科的附庸品。

六、体育训练的实战化

训练实战化指的是根据专项比赛活动的特征和要求进行训练活动。伴随着现代体育运动形式的不断发展，体育竞技和体育运动已经不是少数人的项目，它正在朝着商业化以及职业化的方向发展。在进行体育训练的过程中，需要积极探讨训练方式和竞赛形式的有机结合，确保在进行实战时可以正常甚至超常发挥自己的水平。而且由于身体本身就存在特殊性，在对其开展特殊训练的过程中，机体会对训练刺激做出选择性应答，接近实战化的训练将进一步使机体产生实战性的应答反应。

从现代竞技比赛的实际发展情况来看，其在比拼的时候更加注重的是身体的反应速度，这就要求运动员在平时的训练过程中要着重提升身体的协调能力和反应能力，以在赛场上面对变化多端的比赛局势能够做出正确的判断，并且可以在突发事件到来之际，通过对身体各个肌肉群的高效控制有效应对，进一步保障自己在比赛中的安全，避免身体机能的退化所导致的肌肉拉伤等。同时，运动员在比赛中还应该具备一定的专注力和持久力。在竞技体育中，尤其是比赛发展到后期的时候，更多的是一种耐力的较量。因此，运动员只有以提升速度为重点进行训练，在比赛中才能赢得更多的获胜概率，才能真正在赛场上展现自身的实力。

如果在实际训练的过程中，只注重量而忽视了针对强度和速度的训练，将无法实现对身体中快肌的锻炼，只能对身体中的慢肌产生影响和作用，但是慢肌的训练对于竞技体育的帮助通常不大。

七、强化科技支撑

随着国家综合国力的日益增强，国民的整体素质也在不断地提升。与此同时，中国体育事业迅速发展，逐渐跻身于世界体育大国之列。尤其在2008年，我国成功举办了奥运会，同时也取得了很大的成就。

我国对体育人才的培养越发重视，体育训练学科不断发展。在体育战略的构建上，我国应努力改变体育人才培养的策略，适时更新观念，逐步向竞技体育转型，从而推动我国体育事业的健康发展。

目前，各学校应不断改进体育教学内容、教学模式，开设相应的竞技体育课程，并加大对体育竞技人才的培养力度。其中，体育训练学科建设要以学生为中心，强化相应的运动技能培训，使学生的体育成绩得到持续提高。

第五节　体育训练与体育教学的关系

体育训练与体育教学有着不同的侧重点，但又有着密切的联系，只有在体育教师的指导下，学生才能进行科学的体育训练。体育训练是竞技体育项目的具体表现。一般而言，体育训练是指在教师或专业体育教练员的指导下，为提高学生的运动成绩而进行的专业体育学习和训练的过程。

在具体的运动训练中，各种外部因素影响着运动训练的效果，这些因素通常包括训练地点、受教育程度、学生自身的素质、运动训练规则、运动项目的场地条件等。从理论上讲，体育训练作为一种教学活动，具有非常明显的教育学特征。首先，它可以提高运动员的文化素质。其次，体育训练作为竞技体育的一种特殊形式，有其自身的职业需要，即体育运动员必须以职业体育理论知识为指导，科学有效地开展运动训练。不论是体育教学，还是体育训练，二者都是以体育运动为基础来进行活动的。从指导思想方面来分析，二者之间存在着密切的联系，拥有着共同的目的，即完成某项体育任务。并且体育训练和体育教学都会用到相应的运动器材、训练场地、师资力量等，这再一次证明了二者之间存在一定的交集。

第二章 体育训练的环境

体育训练环境作为学校体育环境中的一部分，与学校的体育工作息息相关。体育训练环境是一个复杂的系统，它由多种要素构成。因此，为了达到体育训练与教学的目的，我们有必要对体育训练环境做出一定的分析。本章分为体育训练环境概述、体育训练环境的构成要素、体育训练环境设计与优化三部分。

第一节 体育训练环境概述

一、体育训练环境的概念

（一）环境

从环境科学的角度入手，我们可将"环境"理解为"围绕着人群或某一事物的空间坐标要素，以及包含其中的、不以直接或间接方式影响人们生产生活、自身发展的不同种类的总的自然因素"。

从教学论视角出发，环境则是"所研究的对象周边的所有情况与条件"。

而对于人来说，环境是"人们生活在其中，并能影响人的一切外部条件的综合体"，对于学生来说更是如此，人的发展与环境息息相关，其既指社会中的条件和关系的总和，也指人们赖以生存的自然条件的总和。它一般分为两部分，自然环境与人工环境，而体育的训练环境基本属于后者，但是也会涉及自然环境，具体情况后面会详细阐述。

（二）体育环境

体育环境由大众体育环境、竞技体育环境及学校体育环境组成，是以人类体育运动为中心的自然环境和社会环境以及与体育运动相关的要素的总和。随着社会的不断发展，体育环境也随之不断发展。学校体育环境的主要类别有竞争环境、卫生环境、教育环境、体育认知环境和培训环境五类。

（三）体育训练环境

体育训练环境是一个公共的环境概念，其中包括体育训练所需要的一系列基础设施，例如，田径场和各种器械，除了这些基础设施，同时也要具备支持多种多样的体育训练的运动场地，例如，篮球场、足球场等。因此，该环境应当具有综合性强和安全性高的特点。所以，体育训练环境的设计人员在设计前期就需要考虑到多种因素。

二、体育训练环境的特点

（一）社会性

如前面所述，体育训练环境是多种多样的，其中包括自然环境和社会环境，它们共同作用于体育运动的发展。自然环境是体育活动的物质基础，而社会环境因素是体育活动的内容、方式和方法的综合体现。这意味着，在体育活动中，社会环境是一个重要的方面。因此，体育训练环境具有社会性的特点。

从社会学角度来看，运动是一种社会和文化现象。在人的生命中，有很多人并不是出于个人社会化的目的去参加体育活动的，而是通过体育来促进其社会化的发展的。

体育训练环境的社会性，既体现在其产生的根源上，也体现在其内在的构造和功能范畴上。从体育训练环境的起源上来看，体育训练环境是人类社会生活和文化的结晶。体育训练环境的政治因素是人的政治行为的结晶，经济因素是人的经济行为的结晶，而文化因素是人的文化行为的结晶。当然，也有一些天然的自然环境还没有被人们改造。由于体育训练环境是人的社会活动的结晶，因此，体育训练环境必然要被社会化，并具备社会属性。

从运动环境的内在构成来看，社会性因素在体育训练环境体系中起着重要的作用。由于社会因素是运动环境的决定因素，体育训练环境自然也具有社会属性。

从体育训练环境影响的角度来看，体育也是一种特定的社会和文化活动，体育训练环境也是面向社会、为社会服务的。体育训练环境并不是孤立存在的，而是与体育活动的主体对象息息相关，与体育活动的全过程有着紧密的关系。在训练环境发挥作用时，外部因素和主体的主观能动性决定了环境要素在某种程度上是服从和服务于社会需求的。这些环境因子在履行其体育责任的同时，也在不断地完善其体育职能。

体育传媒是一种由某些社会统治阶级所支配、为维持某一特定社会体育秩序服务的体育文化环境要素。当然，体育训练环境对每个社会成员都有很深的影响，并对其思想、道德品质和生活方式的形成产生深远的影响。因此，它的影响同样具有广泛的社会性。

（二）规范性

学校是培养人才及教书育人的主要阵地，体育训练活动及相关训练环境的建设必须符合学校的相关规定，具体包括国家所制定的教育方针及具体的教育任务要求，同时，还需要考虑到训练环境对学生训练的推动作用，即有利于构建良好的训练氛围，避免对学生的训练产生干扰。此外，由于考虑到体育学科训练的相关特点，有关训练环境的创设需要关注硬件设施的达标情况。因此，规范性是体育训练环境的又一主要特征。

（三）渗透性

体育训练环境是具有渗透性的。体育训练环境对人们的体育意识、道德品质和价值观念的影响并非通过强迫的方式，而是通过一种潜移默化的方式感染、熏陶和渗透的。在训练环境系统中，数以百万计的环境因子与运动的对象产生了联系，在与环境的交流和对话中，人们不知不觉地被环境所感染，从而产生了情感的升华、意识的形成、习惯的养成、品质的养成。

在学生体育意识和习惯养成过程中，学校体育训练环境的影响是一种隐性的影响。在一些学校，传统运动项目蓬勃发展，让学生们在激烈的运动中无法自拔，不知不觉地投入运动之中。例如，在湖南省安化的一个贫穷的山区，由于羽毛球运动的普及，唐九红、龚志超、龚睿娜等都受到了当时体育训练环境的影响，继而成为世界冠军。可见，体育训练环境的渗透效应如果恰当地加以利用，常常会产生"随风潜入夜，润物细无声"的效应。

（四）教育性

体育训练环境建设的核心目的是支撑体育学科训练工作的进行，这使得体育训练环境表现出教育性特征。具体而言，体育教师可以借助体育训练环境中包含的各类器械设备，实现体育训练目标，引导学生掌握相应的体育运动技能技巧。此外，借助训练环境，能够从精神层面对学生进行培养，例如，培养学生的团结协作、努力拼搏的精神，实现学生心理层次的教育。

（五）复杂性

由于训练环境是由数以百万计的环境要素组成的复杂网络，因此复杂性是其与生俱来的一个特性。体育训练环境的复杂性，既体现在各个要素之间的复杂关系上，也体现在对其性质的判断上。

尽管可以把不同的环境因素分为主导因素、辅助因素、积极性因素和消极性因素，在理论上并不复杂，但是在实践中，这些因素未必能被直观地感受到，也不会自己给自己打上标签，它们往往是错综复杂、真假难辨、难以分辨的。例如，在我国的体育大环境中，存在着政治、经济、文化三个方面的影响；在人文环境因素中，文化环境、教育环境、科学环境和信息环境因素都是其主要因素；而在人文环境方面，则包括了传统的东方文化和西方的科学文化；在传统的东方文化中，汉族和少数民族的文化都有其独有的特征；汉族的文化因素包括儒学、道教等。这些大环境也都影响着体育训练的小环境，因此，体育训练环境是非常复杂的。

（六）可塑性

体育训练环境的建立需要师生的共同努力，同时还要结合体育学科的相关特点及各个学校的实际情况来进行，这就体现出了体育训练环境的可塑性特征。

从体育训练环境主、客体的关系来看，一方面，体育训练环境制约体育的发展；另一方面，体育依靠人改造自然和社会的能力，反作用于体育训练环境，即能够能动地利用环境、改造环境。人们完全可以根据体育的目标，有计划、有步骤地去改变一定社会范围内的环境因素，使环境因素符合体育运动发展的需要，符合人的可持续发展的需要。这也就是说，体育训练环境不是僵化的，而是具有一定可塑性的。

体育训练的宏观环境的改变往往需要国家或社会的宏观调控。因此，在短时间内靠部分人的努力，宏观环境因素难以有大的改变，但体育训练的微观环境完全可以通过人们的主观努力去设计，去创造，去建设。例如，为使更多的人参与体育锻炼，增强身体素质，适应社会发展的需要，1995年6月20日《全民健身计划纲要》由国务院颁布。为保证《全民健身计划》的贯彻落实和组织实施取得成效，6月22日，原国家体委发布《关于贯彻〈全民健身计划纲要〉，实施"全民健身一二一工程"的意见》作为《全民健身计划纲要》的配套工程。全国31个省区市普遍成立了全民健身工作领导小组，为加强对群众体育工作的领导，先后建成了1000个健身工程，数千条健身路径分布在全国1000多个城市，每年评出一批国家级社区体育指导员，现国家级社区体育指导员已逾2000人，再加上各省、市评选的一、二、三级社区体育指导员，其人数已超过20万人。自此，健身的热潮开始涌起，2021年8月3日，国务院印发了《全民健身计划（2021—2025年）》。从政策、组织管理到资金、硬件建设和人员培训，全面确保全民健身在国家体育运作中的主导地位。这实际上是国家在塑造一种促使人可持续发展的体育宏观环境，同时也塑造了体育训练的环境。再如，南京理工大学与日本空手道专家、国际空手道八段高手铭苅拳一合作组建南京理工大学空手道俱乐部，旨在在中国高校传播和发展空手道，在局部小范围构建了一个有利于空手道运动发展的训练环境。这些例子都是巧妙地利用了体育训练环境的可塑性，人为地设计、创造、优化环境因素，建设有利于实现体育目标的良好环境，从而实现人可持续发展的目标。

（七）整体性

体育训练环境的整体性，是指训练环境体系的有机统一。训练环境系统各要素之间的关系、各系统之间的关系必须遵循总体的要求。体育训练环境体系的整体性是其生存与发展的基础。体育训练环境是一个有机整体，它是由多种环境要素共同作用而形成的。体育训练环境的整体性特征主要体现在以下两个方面。

1. 有机性

体育训练环境的有机性是指在形成整体环境时，各种训练环境要素之间的有机联系。因此，训练环境体系是一个有机的体系，而体育训练环境结构则是一个有机的结构。训练环境的有机性主要体现在以下几点。

（1）构成体育训练环境系统的诸要素、各部分密不可分

尽管体育训练环境的各个因素可以根据不同的性质、不同的功能范畴等分为不同部分和类型，但这些区别仅仅是形式和理论上的区别，而在现实的运动中却是不可分割的。例如，在训练环境体系中，存在物质环境因素（硬环境）与精神环境因素（软环境）的区别，但是现实中，一个环境因素常常是由各种物质因素和心理因素共同组成的。例如，一所有形的体育场馆，通常是由建筑艺术、设计理念和科学技术所构成的。这就是"形"和"神"的统一，形神相融。社会体育训练环境可以分为社会政治环境、社会经济环境和社会人文环境。实际上，政治因素、经济因素和人文因素并不是孤立的、独立的，而是相互影响、相互作用的。

总体而言，经济因素在体育生态体系中扮演着举足轻重的角色，它是体育生态系统的基础；政治因素在其中占主导地位，是经济因素的集中和突出体现，政治因素一经形成，就会限制经济因素的发展和演变。政治、经济、人文等因素之间的相互影响，使其成了一个有机的整体。

（2）构成体育训练环境系统的诸要素、各部分之间相互协调

这个世界上，没有免费的合作，也没有不存在矛盾的团队。所以，训练环境中的各个要素不可能没有冲突，但是它们对训练的影响是相同的，不同的环境因素能够协同工作。其中，主要的影响因子有主导因子和辅助性因子，但二者并非相互独立，是相互补充、相互配合的。正因为这些环境要素间存在着协同作用，所以，体育训练环境要素在体系结构中能够形成一个整体的合力，其整体合力比各种环境因素的总和要大得多。这样的整体合作，就是我们在训练中所要寻求的。举例来说，体育是国家体育事业发展的重要组成部分，学校体育训练环境、群众体育训练环境、竞技体育训练环境等环境要素共同组成了一个国家体育训练环境大体系。从总体上看，学校体育训练环境、大众体育训练环境、竞技体育训练环境三大环境要素之间存在着一致性。学校体育是群众体育的根本，群众体育是学校体育活动的不可缺少的延伸，而学校体育、群众体育又是体育活动的基础，所以，为了落实"全民健身"的基本国策，群众体育训练环境占主导地位，学校体育训练环境、竞技体育训练环境是次要的；三种体育训练环境具有各自的独特作用，相互促进、互相补充。这三大要素相互补充，形成了一个具有可持续发展能力的生态系统。如果将三种不同的运动环境要素机械地分开，则会造成相互制约的状况。这样，竞技体育、群众体育就会变成无源之水、无根之木，而学校体育就会沦为一种形式，一种没有目标、没有生命力的体育活动。

2. 统一性

体育训练环境的统一性是指体育训练环境体系各要素在影响体育活动的方式上具有统一性。因此，体育生态系统是一个相互冲突的整体，其作用的方向和方式最终是一致的。

体育训练环境要素的统一性，可以通过内部结构和外在功能的统一来体现。即训练环境的统一性又可以体现为训练的方向和形式的统一性。在训练环境体系中，各种环境要素都对训练的主体和训练过程起着重要的作用，但是，仅仅从某一个方面来看，很难判断训练的方向和途径，而从总体上看，则会发现，环境的影响方向和途径更为清晰。环境系统内部各要素的作用并不是单一的，而是各种

环境相互影响、相互斗争、相互抵消，从而实现环境因素的外在作用，也就是训练环境在作用的方向和方式上的统一。

在体育训练环境中，各种环境要素存在着相互协调、相互排斥的关系。这些相互协调、相互排斥的要素最后形成了一个整体。在这种内在的竞争中，某些与体育训练环境的功能导向相反的因素被压制、削弱，以实现体育训练环境的整体功能。在这个意义上，整体的功能，不是单纯的局部叠加，而是局部的有机综合。

三、重视体育训练环境的必要性

（一）国家战略层面的需要

《体育强国建设纲要》于2019年9月2日正式印发。在体育训练环境中，体育场地的建设是影响体育训练的一个重要因素。《关于全面加强和改进新时代学校体育工作的意见》是国务院办公厅在2020年11月23日发布的。该文件提出，有条件的地方，在初中阶段就要建立体育场馆，并与体育基础较差的学校共同使用。《中华人民共和国国民经济和社会发展第十四个五年规划和二〇三五年远景目标纲要》于2021年3月11日审议并通过。《关于进一步加强中小学体质健康管理工作的通知》是教育部于2021年4月21日发布的。通知指出，要充分发挥学校体育的作用和价值。这就要求学校的体育训练质量要提高，既要保证学生的身体素质，又要根据国家的法律来改进学校的体育训练，想要体育训练得到有效提高，体育训练的环境建设是必不可少的。2021年12月22日，教育部再次举行新闻发布会，重点介绍了中小学学生的身体卫生管理工作。教育部体育卫生与艺术教育司一级巡视员郝风林表示，要抓紧时间制定"三年行动计划"，加快体育场地器材的建设。从这一点来看，对体育训练环境进行优化，有利于提高学生的训练质量，有利于广大学生的身心发展。

（二）学校体育训练的需要

体育训练环境是体育教育的影响因素之一，是学校体育教育质量的重要保证，它贯穿于体育训练的每一个环节，对学生的身体健康和身体发展起着至关重要的作用。从目前的训练环境来看，大部分学校的体育训练环境建设明显落后，体育资源匮乏并且存在分配不合理的情况，已不能适应学校体育训练的要求，严重地制约着学校的体育活动，严重地影响着学生的身心发展。

（三）体育强国建设的需要

在党的十九大报告中，党中央做出了科学、合理的分析和判断。从我们逐渐富裕和强大的历史过程来看，中国的繁荣离不开体育的繁荣。我国的体育强国建设急需大批体育人才，而体育人才的产生离不开合理有效的体育训练，想要更好地训练就必须改善体育训练环境。

习近平在北京冬奥会和残奥会总结表彰大会上表示，北京冬奥会和残奥会的成功举办，极大地调动了全国几十亿民众的体育热情，促进了国家体育事业的发展。要以增强人民体质、提高国民体质、提高人民生活水平为宗旨，注重和充分利用体育在促进人的全面发展中的重要作用，不断深化体育改革、加大科技投入、健全全民健身体制、增强人民群众特别是青少年的体育健身意识，增强我国竞技体育的综合实力和国际竞争力，加快体育强国建设步伐。

从 2021 年东京奥运会到 2022 年北京冬奥会，越来越多的年轻运动员进入我们的视线。杨倩、全红婵、苏逸鸣、谷爱凌等向我们展示了一个年轻人的强大，国家的强大。少年时代的他们，在比赛中用自己的行动赢得了"升国旗、奏国歌"的时刻，为自己的国家赢得了荣誉，而在这荣誉的背后，一定包含了高品质的运动锻炼，他们的背后一定有优秀的教练在努力，同时有完善的训练环境做基础。当然，也与学校在体育训练中所灌输的"为国争光""团结协作""勇于拼搏""艰苦奋斗"等体育精神有着密切的联系。学校为学生创造的优良的体育教育环境和良好的运动气氛，对实现学生的全面发展起到了至关重要的作用。总而言之，体育训练是体育活动的根本，其实施得成功与否取决于其所处的环境。

（四）实施国家政策的需要

我国十分重视学生的体育锻炼，近几年来，各地相继颁布了许多关于体育活动的硬指标，例如，开展"全国学生阳光体育运动"、定期进行学生体质监测等。《"健康中国 2030"规划纲要》也在全国范围内提出了"全民健康"的中长期战略规划，表明了我们对"健康"的重视。《关于全面加强和改进新时代学校体育工作的意见》明确提出，各级各类学校要完善校内体育锻炼体系，广泛开展体育普及活动，举办校运会、体育节，成立兴趣小组、社团等，积极组织学生参加体育活动；制定各种改善学生健康状况的干预措施，使学生"走出网络、走出宿舍、走到操场"。有关研究显示，尽管近几年学校体育事业的发展已有长足的进步，但"运动不足"的问题仍然存在，因此，为了学生能够更好地接受体育训练，完善体育训练环境是非常有必要的。

（五）强化学生身体素质的需要

随着科学技术水平的不断提高，人们的身体和行为都在不断地发生着变化，人们的生活方式也在逐步向"便捷"方向发展。目前我国学生的肥胖和视力下降指数持续升高。造成上述问题的原因有很多，主要有课业压力增大、长时间观看电子产品、体育意识淡薄、静坐时间增多等。因此，如何有效地改变学生体质下降的趋势，提高学生的身体素质，是目前亟待解决的问题。这就需要建造合理的体育训练环境，从而加强学生的体育训练，最终提升学生的身体素质。

（六）促进体育行为的需要

环境是人类赖以生存、发展的根本，从系统角度看，最好的功能发挥取决于合适的环境。学校体育训练环境，能够对学生的心理活动起到一定的潜移默化作用，所以，创造良好的训练环境，对学生进行体能锻炼有很大的保障。它可以培养学生的体育兴趣，培养他们的终生体育意识，使他们参与体育活动。

（七）提升训练质量的需要

以下从对学生"学"的影响和对体育教师"教"的影响两个方面分析重视体育训练环境的必要性。

1. 对学生"学"的影响

（1）加深学生对体育的认知和理解

良好的体育训练环境能将体育以丰富多彩的形式表现出来。例如，良好的学校体育训练制度、完善的学校体育训练场馆、轻松的体育课堂氛围等，都能加深学生对体育训练内容及其价值的认知与理解。

（2）强化学生的学习动机

体育训练环境以学校为背景，强调师生互动、生生互动，所有的环境设施都是为了满足学生的运动需要，能够使学生获得轻松愉快的心理体验，从而增强他们的训练动力和积极性。

（3）保障学生的身心健康

提高学生的身体素质和心理素质是高校体育教学的一个重要目的。良好的体育训练环境可以使学生在安全的条件下进行运动；能使学生心情舒畅，情绪愉快，能有效预防运动伤害及心理疾病。

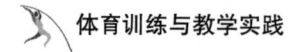

（4）提高学生的运动水平和运动成绩

优良的体育训练环境为学生的体育训练创造了条件和舞台，使学生的运动能力和运动成绩都能得到相应的改善与提高。

2. 对体育教师"教"的影响

（1）提高体育教师训练课程的目的性和计划性

良好的体育训练环境能为体育教师的训练工作提供一定的思想引导和行动纲领，让体育教师的训练课程更有目的性和计划性。

（2）激发体育教师的训练热情

良好的体育训练环境能够为体育教师的训练工作提供很好的支持（例如，教材支持、训练场地支持等），在一定程度上来说能够减轻体育教师的训练压力，激发体育教师的训练热情。

（3）提升体育教师的训练水平

新颖的体育训练环境要求体育教师不断学习新知识、新方法，积极开展教改工作，从而不断提升自身的训练水平。从这个角度而言，体育训练环境的建设能提升体育教师的训练水平。

第二节 体育训练环境的构成要素

一、体育训练的物质环境要素

（一）时空环境

时空环境是一个特殊的环境，它受到了校园内时间与空间的双重约束。体育训练的实施需要时间与空间来保证，如果没有足够的时间与空间来进行体育训练，体育训练活动就不可能顺利进行。如何科学、合理地安排体育训练，直接关系到学生的身心健康状况。研究表明，人们一天中最好的锻炼时间是下午。所以，在遵循学生的身体和心理发展特征的基础上，合理地安排体育训练时间，对学生的体育训练具有十分重要的意义。

（二）自然环境

自然环境是指学校所在的自然地理环境和气候环境。而学校的自然地理位置则决定了整个校园的整体环境面貌。例如，如果一所学校依山而建，那么校园的面貌就会自然而然显现出一种山清水秀的感觉。人的一切活动都离不开自然环境，体育训练更是如此。温度、空气、湿度等人为因素无法干预的自然环境对训练活动都会产生一定的影响，这些因素会直接或间接地影响体育课的训练效果和训练质量。

学校所在的自然位置、当地的气候、周边的自然风光等因素，都会对学生的身体和心理造成很大的影响。噪声泛滥和污染严重的环境，将会对训练活动造成不良的影响；而在安静、无污染、温度适宜、湿度适宜的情况下，则能收获良好的训练效果。

同时，季节的变化、天气的冷热等都是体育训练环境中自然环境的重要构成。若体育场馆内的光照时间充足、经常对场馆进行通风换气，会使师生头脑清醒、心情愉悦，那么整体的训练效果就会有显著的提升，学生的积极性也会大大提高；反之，则会使师生意志消沉，进而降低训练质量，学生的学习成绩也会大幅度降低。

空气湿度对体育训练活动同样会产生一定的影响。例如，夏季的湿度要比冬季的湿度大，温度较高，在室内场馆授课时学生会感到身体不适，甚至中暑，影响正常的上课进度。冬季天气寒冷干燥，学生对运动的敏感性降低，不愿高强度地活动和热身，从而在训练过程中极易受伤。

1. 热环境

（1）训练热应激及其生理性问题

在炎热的环境中进行体育训练，机体内积蓄的热量过多，会引起机体一系列热应激与热适应。

热应激是机体在热环境下发生的全身性、综合性的生理反应。运动热应激是运动应激、热应激和心理应激的叠加。上述各种应激共同作用，将严重影响运动员的运动能力和身体健康。

运动热应激中的主要生理学问题是脑温、肌温和脱水。

①脑温。脑组织对温度变化及缺血有特殊的敏感性，在大多数情况下，热应激最先导致脑细胞工作能力的下降。

②肌温。过高的温度使肌细胞酶活性降低，能量代谢受阻，功能蛋白变性，这些变化会直接影响肌肉的工作能力。肌肉局部温度升高不仅影响物质和能量代谢水平，还会改变代谢途径，主要表现为有氧代谢比例下降，无氧代谢比例升高。

③脱水。长时间的运动热应激最终会导致机体脱水并引起一系列的生理反应，损害运动能力。脱水是影响运动能力的重要因素。水的丢失、电解质及微量元素

的流失将影响人体机能（包括运动能力）。热应激合并机体脱水对机能的负面影响比单纯热应激或单纯脱水的负面影响更明显。

（2）常见的热伤害

在热环境中剧烈运动，可因大量出汗、体液丢失而出现循环血量下降，导致运动能力下降，造成包括脱水（体液丢失）、热痉挛（骨骼肌的不随意挛缩）、热衰竭（由循环血量不能满足皮肤血管的舒张而引起的低血压和虚弱）和中暑（下丘脑体温调节功能不足）等热伤害的发生。

①脱水。脱水是指体液的丢失，所以又称失水。水丢失时大多伴有电解质的丢失，尤其是钠离子的丢失，临床表现为细胞外液量的减少。失水量占体重的2%～3%，称为轻度脱水；失水量占体重的3%～6%，称为中度脱水；失水量占体重的6%以上，称为重度脱水。

轻度脱水即可影响运动能力。中度脱水时便可出现脱水综合征，表现为烦躁不安、精神不集中、软弱无力、皮肤黏膜干燥、尿量减少、心率加快。重度脱水除了出现体力和智力减退外，还可出现精神症状，严重者神志不清以致昏迷。

②热痉挛。长时间在热环境中运动，由体内的矿物质丢失和大量出汗伴随的脱水所引起的骨骼肌疼痛和痉挛，称为热痉挛或中暑性痉挛。热环境中负荷较重的肢体肌肉容易发生痉挛。在这种情况下，患者意识清楚，体温正常，其产生的机制尚不清楚。中暑性痉挛可以通过脱离高温环境（到凉爽的地方）和补充水盐溶液进行恢复。

③热衰竭。热衰竭是指高温环境下长时间劳动或运动引起的血液循环机能衰竭。表现为血压下降、脉搏和呼吸加快、大量出汗、皮肤变凉、血浆和细胞间液量减少、晕眩、虚脱等症状，此时体温多为正常。一般发病迅速，先有头晕、头痛、心悸、恶心、呕吐、皮肤湿冷、血压下降、面色苍白等症状，继而出现晕厥，通常昏厥片刻就会清醒。

④中暑。中暑是指由高温引起的人体体温调节功能失调，体内热量过度积蓄，从而引发神经细胞受损。其典型症状为：体内温度超过40 ℃，停止出汗，皮肤干燥，脉搏和呼吸加快，血压升高，意识混乱或丧失。如得不到及时治疗，可能会进一步发展为昏迷甚至死亡。

2. 冷环境

（1）训练冷应激及其生理性问题

人体具有完善的体温调节机制。人皮肤的温度感受器在受到冷刺激时，会立即将信息传至下丘脑体温调节中枢，引起人体三方面的应激反应，即通过寒战产热、非寒战产热和皮肤血管收缩三种途径来促使机体产热并防止自身热量散失，使体温维持恒定。寒战产热是指骨骼肌快速而又随意地循环收缩和舒张，这种方式所产生的热量是机体安静时的4～5倍；非寒战产热是指由机体交感神经系统兴奋引起的新陈代谢加强，代谢速率的提高能引起机体内部产热量的增加；皮肤血管收缩是指使机体表面的血流量减少，防止不必要的热量丢失。

当皮肤温度下降时，其细胞代谢速率也随之下降，这时皮肤的需氧量很小。暴露在冷环境下，人体肾上腺素与去甲肾上腺素分泌明显增加。血糖在耐寒与运动耐力方面有非常重要的作用，低血糖病人会抑制寒战，且直肠温度明显下降。在冷环境中肌糖原利用速率要比热环境中稍高。

（2）常见的冷伤害

寒冷对机体的损害作用称为冷伤害，包含冻结性冷伤害和非冻结性冷伤害。冻结性冷伤害是由短时间内暴露于极低温的冷环境或长时间暴露于冻点以下的低温环境所引起的，此时组织发生冻结，故称冻结性冷伤害。冻结性冷伤害分为全身性（包括冻僵与冻亡）和局部性两种；非冻结性冷伤害（包括冻疮）常发生于手、足、耳垂等末梢部，由冰点以上的低温和潮湿的作用引起。

局部冻伤多见于末梢暴露部位，例如，手、足、耳席、鼻尖、脚跟等处，临床上根据复温后的损伤程度和表现，将其分为四度。

①一度冻伤。损伤深度在皮肤浅层，表现为瘀斑、轻度肿胀，局部麻木、痒痛。

②二度冻伤。损伤皮肤全层，表现为瘙痒或灼痛，局部出现水疱，肿胀明显。

③三度冻伤。深达皮下组织，早期出现水肿和大水疱，相继皮肤由苍白变为蓝色或黑色而发生坏死，局部感觉丧失。

④四度冻伤。伤及肌肉或骨骼，局部发生干性或湿性坏疽，创周肿胀并可有水疱，知觉完全丧失，常伴有畏冷发热等全身症状。两周后坏死组织分界线形成，坏死组织脱落形成肉芽创面，不易自行愈合，常需植皮或截肢。

（三）设施环境

设施环境主要包括运动场所、运动器材等要素，它是体育活动的物质基础，包括体育馆和各种体育场地，以及这些场所周围的环境。这些是开展体育训练的必备条件，对完成课余体育训练的任务起着重要的作用。另外，这些器材的质地、颜色、摆放位置都会对学生的心理活动产生一定的影响，对诱发学生的兴趣和学习欲望具有非常重要的作用。

体育训练环境中的训练设施主要涵盖了场地、器材、场地的活动空间等诸多要素，同时伴随着这些的还有一系列的服务项目。例如，场馆的采光是否充足，场地周边小的生态环境是否优秀，以及场地器材的及时维护、保养、更新换代等后续服务，这些条件也都会直接或者间接地影响学生的学习兴趣和教师授课时的心情，甚至会对学生的身体造成伤害，所以良好的训练设施在日常的体育训练中具有至关重要的作用。场地器材对于正常的训练也是十分重要的，良好的、非常正式、非常专业的场地设施，会给学生一种强烈的心理暗示。

（四）经费环境

训练经费是体育训练开展的重要物质保障条件，是保障体育训练正常开展的必要条件。训练经费是开展体育训练工作所必需的维修、器材添置、设备服装采买、聘请高水平教练员等活动的物质保证。

二、体育训练的社会心理环境要素

（一）人际心理环境

人际心理环境是指在训练中的人际关系状况。它是由学校内部的各种人际关系构成的一种特殊的社会环境。体育训练中的人际关系主要包括教师与学生之间的关系、学生与学生之间的关系。这两种关系又构成了训练活动中的人际互动过程，直接影响训练过程中的训练气氛、训练的反馈以及学生的课堂参与程度和积极性。

总的来说，良好的人际关系在训练活动过程中能够使教师和学生处在一种非常融洽的氛围中，最终能够有效保障训练质量。教师与学生之间的关系是维持训练活动稳定进行的最基本也最普通的一种社会关系。良好的师生关系，对于日常训练活动的开展能够起到至关重要的作用，同时，会使学生更加尊重教师，对于教师的训练活动也会积极地投入其中，与教师积极互动，同样教师也能获得情感回报，授课积极性大大提高，形成一种良性循环。学生和学生间的人际关系是体育训练过程中普遍存在的关系。学生与学生之间，团结协作和相互比拼两大形态的关系居于多数，在学习过程中，教师需要正确引领，使其合作关系占主导地位，竞争性关系也要加入其中。

（二）情感环境

训练是一个信息传递和情感沟通的过程。训练课上，师生之间的交流是面对面的，教师手把手地指导，因此，在训练环境中营造良好的情绪氛围，也就是情感环境，对训练的顺利进行尤为关键。

（三）信息环境

校园内外的各类社会资讯为体育训练提供了良好的资讯环境。这种资讯有时会给运动带来消极的影响。这就需要教师对各种信息进行正确处理与利用，对学生进行正确的指导，以保证训练的质量。

训练中的信息交流主要包含两个方面，一方面是指技能动作和知识的传授，包括对学生动作的纠正，这些主要都是在教师授课过程中进行的；另一方面则是指一些线上平台的交流，交流是相互学习的过程，线上交流时则可利用现有的科技对一些战术进行复盘，直观地呈现给学生，以此达到更好的训练效果。同样这些平台也是师生进行学术、技战术动作交流，传递师生情感的媒介。

（四）组织环境

组织是指人们为达到共同目的而组成的团体。不同的群体，必定有着自己的群体规范、作用方式以及心理氛围。就体育训练团体而言，以上各方面的因素都是影响体育训练的重要环境因子。在组织环境中，影响最明显、最直接、最具体的是训练氛围。训练氛围是队员形成的一种集体行为风尚。尽管这并不是一种强制性的限制，但它对一个组织的现状和未来产生了巨大的影响，对其内部的每一个人都产生了深远的影响。良好的组织环境能促进训练与训练活动的有序进行，从而达到更好的训练效果。

（五）制度环境

制度环境是指各种法律、法规、训练制度、规章制度、管理条例的落实形成的制度环境。一个国家能否在世界体育赛场上取得好成绩，归根结底取决于其综合实力。一个综合国力薄弱的国家，或许可以在某一项运动中取得一席之地，但它不能长久地维持其竞技实力，也不能拓展广泛的体育活动范围。一个国家的国力，仅仅是一个很好的基础，并不代表一个国家就一定能够在国际比赛中脱颖而出，必须采取一系列行之有效的措施。

（六）体育训练中的师生地位

在体育训练环境中，"教"的人就是教师，"学"的人就是学生，良好的师资队伍一样是体育训练环境中不可或缺的一个重要因素，同样也是训练环境的基础所在。

体育训练活动由两个部分组成：一部分是体育教师的"教"，另一部分就是学生的"学"。这两个部分有机结合组成了体育训练活动。提高训练效果首先要把握训练活动的规律，从训练活动的构成要素看，教和学虽然共同组成了训练活动，但师生在训练活动中的地位是不同的。教师的主导地位和学生的主体地位已经在教育学的领域里得到了大家的认同，在体育训练活动中亦是如此。体育课训练中，体育教师领导着训练活动的开展，把握着训练的进度，实施着训练计划；而学生在体育教师的指导下，跟随体育教师的节奏，不断地学习体育锻炼的知识、方法，学生的学习效果是体育训练的落脚点。

体育训练活动是由体育教师和学生的双向活动组成的，二者不可分割，虽然体育师生关系和体育运动队的师徒关系有别，但在一定程度上也类似于教练和运动员的关系，都强调在教师（教练）的指导下，提高体质（运动成绩），掌握科学锻炼的方法和原理。师生的共同努力创造了良好的体育训练效果。体育教师和学生在体育训练活动中的地位，同样也是主导和主体的地位。体育教师和学生在体育训练环境中工作和学习，他们同样是体育训练环境的组成部分。他们适应着环境，也建设着环境、改变着环境。

1. 教师

作为学校教育的一部分，体育教育的发展有助于促进总体教育的持续发展，体育教师在促进学生全面发展的任务中承担了更多的责任，在锻炼学生的意志、增强学生的体质和使学生享受体育的乐趣等过程中发挥着无可替代的作用。

体育教师是决定体育课训练效率的最重要因素，体育课的训练质量与他们的教育观念、专业素质、训练能力、训练水平和业务水平有着千丝万缕的关系。主要体现为以下几点。

（1）教师的教育观念

教师的教育观念指的是他们自己选择、接受和相信的教育思想或信仰，可分为三个层次：宏观，指的是对教育的看法；中观，指的是教育训练；微观，指的是学习观、师生观。

教师的教育观念反映了他们对整个教育系统的基本看法。教师的教育态度不仅影响到自身的行为，还影响到了学生的行为，最终直接影响到训练效率。思想是行为的原则，可以对人的行为产生持久的影响。随着时代的改变，体育教师必须不断改变育人观念，紧跟时事，学习国家的教育政策和体育政策，坚持传播体育精神，不断将体育教育的训练理念推陈出新，以得到更好的体育训练效果。

（2）教师的文化水平

毫无疑问，教育是以教师的技能为基础的，没有这些技能就没有教育活动。教师的文化水平不仅仅指的是教师对本学科专业知识的掌握情况以及对基础学科知识如教育学、心理学等知识的掌握程度，除此之外，还要求教师具备较高的人文素养以及正确的职业态度等。

对于本学科训练需要的专业基础知识，教师必须能做到举一反三，熟稔于心，正所谓要给别人一碗水，自己必须先拥有一桶水。因此，首先，体育教师必须对体育学科的知识有深刻的了解，并以综合的方式运用这一知识，以便达到良好的教育水平。其次，体育教师在学生中受欢迎的一个重要保障是接受过技能方面的专业培训。

（3）教师的专业能力

专业能力是指在特定的训练活动中将训练知识和技能有机结合的能力。专业能力有其特有的、健全的结构系统，特别是在教师的选择能力、加工能力和融合能力等方面。体育教师的专业能力是体育教育取得成功和保证训练效率的基础。

教师的专业能力分为基本的专业能力和特殊的专业能力，其中基本的专业能力与教师的学习能力有关。体育训练要求体育教师必须具备一定的学习能力，这是十分必要的。如果体育教师的学习能力很强，那么他们就能够很好地利用新的训练方法、训练内容、训练理念来提高自身的专业能力。如此反复，学习能力能大大提高，知识水平也会越来越高，训练水平必然也水涨船高，训练效果自然越来越好。教师的特殊专业能力一般是指合作、沟通、控制的能力，体育训练的特殊性导致课堂需要很好的合作沟通能力。例如，为了提高班级篮球队的比赛成绩进行一系列的练习赛，那么就需要教师和其他班级协调沟通练习赛的场地、规则、时间等事宜，而且教师还要做好安全预案，安排好记录分数等工作。这些工作看似简单，实则要求体育教师亲力亲为。体育教师的这些能力也是区别于其他学科教师所必有的"特殊能力"。

（4）教师自我发展的意识

"铁打的营盘流水的兵"用来形容兵营里新老士兵的更替。其实学校也是一样的情况，教师不常换，但是学生常新。如果教师用同样的训练方法、同样的训练内容对待不同时代的学生，那么迟早会被时代所淘汰，因此教师必须拥有强烈的自我发展的意识。

自我发展的意识是教师自身不断成长的内驱力。教师职业的发展也是人的发展的一个组成部分，这突出表明了增强教师自我发展意识的重要性。教师自我发展的意识是其实现职业发展的基础和先决条件。

（5）教师的心理状态

教师的心理状况会对其行为产生一定的影响，进而会对运动教学的效果产生一定的影响。教师的心态是由兴趣、自我控制水平决定的。

根据训练理论，结合教师与学生的共生共存关系，提出了以下观点：体育教师的心理健康程度在体育训练活动中会对学生的心理健康产生潜移默化的影响，不仅影响他们在训练中的行为和表现，还会使学生在课堂之外的行为受到影响。有良好"自我效能感"的教师将会展示给学生一个积极的、自信的、努力向上的形象。因此，教师的心理状态将会影响教师的精神状态，通过其自身的思维影响个人行为，而体育教师自身行为的任何改变都有可能直接影响学生。

2. 学生

体育训练过程中学生占据主体地位，学生的学习效果体现了教师工作的效果，反映出训练的质量。在体育训练活动中，如何体现学生的主体地位，主导和主体的比例如何划分，具体而言是多讲还是多练，这是一个老生常谈的问题，也是令很多体育教师迷惑不解的问题。

我们认为，由于学生是发展中的人，其主体特征尚未定型，但他们在某一特定时间里，如果让他们按确定的方向发展或成长，自然就会形成他们自己的特点。

首先，学生的主体性直接取决于他们的身心发展情况，他们是在一定程度的监护、指导和管理下发挥有限作用的独立或半独立的主体。在体育训练过程中，通过体育教师的教育和干预，学生在参与体育运动的过程中，不仅锻炼了身体，也锤炼了心理。

其次，对象性关系是学生主体性生成的基础，是一种"准社会"和间接性的关系。准社会也称拟社会或者类社会，其含义是人为塑造出的一种类似社会而不是真实社会的环境，常用于特殊人群如精神病患者等的康复领域。体育课的训练环境也具备一些准社会的特征，因为在这个环境内有主体、客体，有信息传递也有人际关系互动。间接性的含义指的是，知识从教师教授到学生接受并不是直接抵达的，而是通过教材、教具以及大脑思维的加工过程等介质实现的。

最后，学生的主体性特征，如学生学习过程中的主观能动性、自主性和创造性等在一定空间内是无法完全发挥的，而且与学生主体性的其他特征如模仿性、从众性等有着矛盾的一面。

在上述这些矛盾转换之间，学生的主体性得到了发展。这主要表现在以下几个方面。

（1）能动性与被动性的矛盾和转变

学生作为教育活动的主体，其特点是动态性和能动性，即在体育训练活动中，他们可以在教学目标上和动态学习过程中发挥积极作用；然而，作为被教育的对象（或受教育影响的主体），也受到目标的影响，因此，必然有一个被动的方面。所以，就需要变被动性为能动性，并在体育教学中消除这些矛盾。在体育训练方面，增强学生的活力将有助于他们的动态发展。

为了使学生更具活力，必须将社会需要转化为国家体育战略，满足学生在体育教学过程中的个人需要，以发展他们的基本体育能力。

（2）独立性和依赖性的矛盾和转变

任何事物都不能脱离周围的环境，也不能单独存在，学生也是如此。学生是发展中的人，其自身也有一定程度的灵活性，而他们的自发性活动和自主性要求是随着他们的发展所产生的。所以，在体育训练活动中，教师应当给予学生足够的空间，善于利用他们的自主性；如果采用家长式一言堂的作风，是对他们自主权的蔑视，甚至是对其人权的侵犯。在适当的时候尊重学生的自主权，有利于他们摆脱依赖性，走向独立。

总而言之，体育训练环境是一个复杂的系统，在这一系统内部，各种体育训练环境因素相互作用、相互依赖，共同影响着体育的内容、形式、性质和发展过程。正确把握体育训练环境系统的分类，不仅有利于体育训练环境系统研究的深化，而且是优化体育训练环境系统因素的前提，对于体育的可持续发展具有重要意义。

第三节　体育训练环境设计与优化

一、体育训练环境的设计原则

体育训练环境是一个复杂而又综合的系统，它与学生的课外运动有着密切的关系，其环境的好坏将直接影响到运动的过程和效果。要充分利用体育训练的积

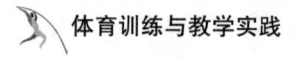

极作用，减少其负面效应，就需要对其进行合理的规划与优化。根据体育训练环境的特征与作用，在设计体育训练环境时应遵循下列基本原则。

（一）整体性原则

整体性原则，是指我们在设计体育训练环境时，必须从整体上对体育训练环境的各个方面进行调整和规划，以便把各种环境因素有机地协调为一个整体，发挥最佳训练效益。

构成体育训练环境的要素是十分复杂多样的，既有物质的又有精神的，既有有形的又有无形的。我们只有把各种要素加以合理地组织安排，使之协调一致，处于优化状态，才能发挥最佳功能。从系统的角度来看，只有系统处于有序的动态平衡状态时，它才能有效地发挥作用。所以在创设体育训练环境时，创设者应周详计划、统筹安排，既要重视体育设施场馆的规划布局，又要积极创设良好的体育训练心理气氛，既要改进教师的工作作风，又要建立融洽的师生关系。不能顾此失彼，要树立全局思想。

（二）针对性原则

针对性原则，是指我们在设计训练环境时，必须针对特定的训练目标的需要，有意借助或突出训练环境的某些特征，形成特定的环境条件来促进学生的身心发展。例如，有些学生因人际关系不良影响到了训练，因而教师就需要特别注意与这样的同学建立民主平等和谐的关系，在热情、温暖的氛围中，激发其强烈的学习兴趣。唯如此才有利于他们取得进步。在设计训练环境时，教师必须进行周密安排，确定相关的训练目标，不能随意行事；同时，还要认真分析训练过程中面临的具体情况，不能生搬硬套，否则就可能事与愿违，达不到预期的训练目的。

（三）转化性原则

转化性原则，是指我们在设计训练环境时，必须对各种经验和信息进行一定的选择转化，使之积极地促进学生的身心健康，尽可能地消除不良影响。因此，在设计训练环境时，教师要根据学生身心发展的特点，对涌入学校的各种信息和价值观念资源进行及时的调节和控制，并适当地加以选择转化，培养学生分辨和选择信息与价值观念的能力，使其自觉提高对不良信息和价值倾向的免疫力。

（四）校本性原则

校本性原则，是指我们在设计训练环境时，必须从本校自身的实际情况出发，充分利用学校已有的有利条件，积极开发新的资源，推进训练环境的建设。我国幅员辽阔,各地区经济文化的发展也不平衡,各个学校在环境条件上是有差别的。但是,任何学校在环境方面又都有自己的特点和优势,充分发挥和利用自己已有的环境优势,就有可能推动整个学校训练竞赛环境的改善。即使处于同一地区的学校,也因其客观的地理地貌和历史传统的不同而有不同的特点和优势。因此,训练环境的设计只能是从实际出发,以校为本,突出优势,扬长避短。

(五)主体性原则

主体性原则,是指我们在设计训练环境的过程中,必须让学生发挥主体作用,培养他们适应、控制和改造环境的能力,使他们学会管理和利用训练环境。教师是训练环境的主人,学生同样是训练环境的主人。训练环境的改善和建设离不开学生的参与、支持和合作。因此,在设计训练环境的过程中,教师应充分调动学生的主动性和积极性,培养他们对训练环境的责任感,提高他们的环境意识,改善他们的运动学习过程,提升他们的训练水平。

二、体育训练环境优化策略

(一)体育训练物质环境的优化策略

我们谈到的体育训练的硬件环境,实质上属于体育训练的物质环境,体育训练硬件环境的优劣可以影响到两项内容,一项内容是体育训练效果,另一项内容是体育训练活动。硬件环境涉及两项内容:一是训练设备,也就是体育训练器材等;二是体育场所。

上述两项内容一定要符合学生的身心特征,能够达到安全、卫生与审美方面的要求,这样在一定程度上就会促进学生参与到体育训练与体育活动当中来,有利于体育训练的开展,能够达到一定的体育效果,进而在增强学生终身体育意识的基础上,使其逐步树立正确的终身体育观。

1. 优化训练设施

优化体育场地和器材是保证体育训练效率和质量的首要条件。

第一,在持续开发和进一步利用现存的体育场地的基础上,继续加大政策执行力度,进一步提高室内场馆的有效利用率。与此同时,要引导学生爱护体育场地和设施,还需要科学规划训练工作等。

第二,亲手制作简易且有趣的体育器材。例如,可以在空塑料水瓶中装入沙粒,用作篮球训练的变向标志牌,这在激发学生运动兴趣的同时,有效缓解了器材短缺不足等问题。

第三，学校需要因人制宜，分类分级训练，根据学生的年龄及性别等特征，安排他们在相应的体育场地进行合适的体育项目，避免出现场地浪费问题。例如，根据学生的生长发育特点，用软式排球替代成人的排球，这不仅可以减少学生的手指和手腕疼痛，还可以降低技术要求，培养排球运动爱好。

第四，必须按时对场地及器材进行保养和维修，排除器材和场地的各种安全隐患，竭尽全力保障学生的人身安全。

2. 顺应自然环境

坚持顺应自然环境，合理地开展体育训练活动。因此，体育训练的时间、地点和内容方式等因素均可以做出适当调整。例如，雨雪天气时在室内体育场馆中实施训练活动，在保障训练质量和课时的同时提高学校场馆的利用效率。

此外，也可在极端天气时将户外实践活动调整为室内的体育理论知识课，借此机会对学生进行运动规范及健康教育，使学生充分了解体育的重要性、掌握运动技能和预防损伤的方法。在冬季，可以借助区域特色的冰雪资源进行冰雪训练，开展冰雪课程，让学生充分体会到参与冰雪运动的乐趣，激发学生冬季进行体育运动的积极性。

3. 科学规划训练规模

科学规划同期体育授课班级规模，减少同一时间段内的上课班级数量。班级规模大是很多高校亟待解决的现存问题，科学设置体育训练班容量迫在眉睫。

第一，根据性别实施分班训练。这样一来，通过男、女生身体结构之间的差异，科学地实施训练方案，规范体育训练活动和课程设置。

第二，根据运动兴趣实施分班训练。这不仅可以使学生主动选择课程，同时也能提高学生的学习积极性。

第三，根据体育教师的实际观察，实施切实的分类别授课。硬性分班标准都满足的同时，还需要因地、因时、因人地根据实际情况进行调整。既要避免大规模班级产生的管理和训练弊端，又要照顾到学生的真实感受，通过对学生的进一步了解，增进师生情感，提高授课与学习的效率。

（二）体育训练社会心理环境的优化策略

社会心理环境的组成较为复杂，不仅涉及心理因素，也涉及社会因素和文化因素，训练环境主要由两部分构成：一是物质环境，二是社会心理环境。其中，后者属于无形环境，其影响范围广泛，既能够影响师生的心理活动，也会影响到学校训练活动的安排，在某种情况下会大于物理环境。

1. 加强对体育训练的重视

加强校方领导对体育训练的重视,纠正刻板印象,弘扬优良风气。

第一,学校领导在逐步转变对于体育训练的思想观念的基础上,也要开展会议和相关活动,带动其他学科的教师重视体育训练,强调体育和其他学科处于同一地位。还需要定期对教师开展检查督导工作,设立组长监督体育教师的训练工作和授课情况。

第二,要借助各种方式和途径进一步加大健康知识的宣传力度。例如,利用校园广播、校园横幅和宣传牌等开展宣传工作,使师生从内心深处重视体育学习,培养热爱体育的良好品质。

第三,学校还需要配合开展不同类型的体育活动。例如,举办专题知识竞赛、运动知识讲座、体育明星宣讲等,借此提高学生参与体育锻炼的积极性。

第四,利用特色资源开展体育运动,亦可结合民族传统体育项目开展教学,编制独具特色的体育教材。

第五,不断充实扩展体育课内容,不仅要进一步发扬并传承地区非遗体育文化,开展民族传统体育运动,也要引进新兴运动项目,如攀岩等项目。

2. 完善学校体育训练制度

第一,积极响应国家号召,及时修订训练计划,制定科学合理、符合时代发展要求的体育训练计划。

第二,学校应该对体育教师授课的次数和方式进行规范,借此促进体育教师之间的交流。

第三,科学编写训练方案,鼓励体育教师编写科学的训练方案,定期检查教师的备课情况,加大监督力度。

第四,定期对体育教师进行科学有效的专业技能和知识培训,使教师紧跟时代潮流,不断深入学习,提高专业素养。

第五,学校领导需要科学系统地总结体育训练问题,重点寻找原因,坚持对症下药原则,进一步持续健全学校的体育训练制度。

3. 构建融洽的师生关系

营造和谐的训练氛围,构建融洽的师生关系。

第一,教师首先应该根据学生的具体情况,筛选适宜的训练方法、训练器具,根据学生的兴趣,灵活运用情景训练法和游戏竞赛法等,这不仅能激发学生的积极性,还能提高授课质量和效率。

第二，在课堂上应该加大师生之间的交流程度，借助神情沟通等方式，向学生传达正确的引导内容，鼓励学生进行科学的运动项目。

第三，积极营造生动活泼的训练氛围，引导学生在课堂上积极互动，主动参与，自行完成教师安排的锻炼任务，改变其对体育课的刻板观念，使学生真正开始重视体育课，提高对体育课程的兴趣。

第四，营造和谐温馨的训练氛围，倡导师生互动。这不仅需要教师公平公正地对待学生，根据不同学生的不同情况因材施教，激发不同学生的运动潜能。此外，还需要实现师生之间的双向交流，教师在倾听学生意见和不同看法的基础上，尊重学生对训练内容和方式的合理意见，做学生的良师益友。同时，学生必须了解训练教师的真实想法，通过与教师展开积极的交谈，构建良好的师生关系，提高体育训练的质量。

第三章　体育训练的基本内容

体育训练对学生身体素质、综合素质的提升均能够产生积极的影响。针对我国体育训练中的问题，需要在明确体育训练基本内容的基础上，不断完善我国体育训练的方式，培养更多具有高技能水平、高素质的运动人才，并使每一位学生均能够形成终身锻炼意识，促进学生全面发展。本章分为体育训练中的体能训练、体育训练中的心理训练、体育运动训练的管理三部分。

第一节　体育训练中的体能训练

一、体能训练的概念

（一）体能

体能一词来源于英文 physical fitness，翻译为体适能，1996 年被美国健康与服务部定义为在工作中保持活跃、快乐和不疲劳的能力。

从广义上来说，体能包括人的有形能力和无形能力，有形能力指人的身体能力，无形能力指人的心智能力，体能主要是指人的身体能力、工作能力、积极适应生活和抵抗疾病的生存适应能力。

从狭义上讲，体能是身体器官功能在运动中表现出来的能力，主要指人的身体机能、身体素质和基本生活能力。

在相关运动训练书籍中对体能的定义涌现出两种观点，一种观点认为体能是运动员在身体活动中各身体器官表现出来的一系列特性或能力，另一种观点认为，体能是指人的精力和身体状态，精力充沛且身体状态好的人不会过早地出现健康问题，他们可以有效地完成日常的各种活动。这两种观点从不同的角度对体能的概念进行了界定，可以互为补充。

运动训练专家田麦久教授将体能视为运动员的基本运动能力，作为运动员竞技能力的重要组成部分，体能包括运动员的内外部身体形态、身体运动机能、身体运动素质。

从运动生物化学、运动生理学的角度来看，体能是人体机能发展的基础，是通过能量转换和代谢表现出来的运动能力，体能水平的高低直接影响运动员的成绩。

北京体育大学的王卫星教授在《运动员体能概念及辨析》中将体能分为广义和狭义两个概念，广义的体能指人体为满足运动需要而储存的能量要素；狭义概念指运动员完成高水平竞技所需要的专项力量体系及其相关素质的综合。

综上所述，体能可以增强体质，改善身体形态，从运动训练学的角度界定，体能是指提高人体各器官功能的能力。从运动生物化学、运动生理学的角度界定，体能主要指人体的运动能力、生理机能、身体适应能力的表现。由此可以看出在不同的学科中对体能所界定的含义并不完全一致。综合来讲，可以将体能的概念定义为人体的各器官功能在人体运动中所展现出来的能力，包括日常生活中身体基础的活动能力和参与体育锻炼所具备的运动能力。

（二）体能训练

体能训练是近年来国内外体育市场的热门话题，科学的训练理念及方法已广泛应用于竞技体育训练中，并帮助我国运动员在国内外赛场上取得了优异的成绩，然而相比于国外的体能训练研究，我国的体能训练研究还处于相对落后的阶段，关于体能训练的概念，国内外的专家也有着不同的看法和观点。

国外的一些专家认为，体能训练主要包含三个方面的内容，即在专项理论知识和运动生物力学指导下进行的技术训练，在运动医学、运动生理学等相关知识的指导下进行的训练负荷和比赛负荷两方面的适应能力训练，在营养学、心理学等相关知识的指导下让运动员处于最佳的竞技状态。

国内的一些学者对体能训练的概念也有不同的观点，成都体育学院教授杨世勇认为，体能训练是结合专项并通过合理负荷的动作练习，达到改善运动员身体形态、提高运动员身体各器官系统功能、促进运动成绩提高的过程。

此外，国内学者对于体能训练的概念还存在两种观点。一种观点认为，体能训练可以改善人体器官功能，增强机体适应运动需要的能力，提高身体素质。另一种观点认为，体能训练以运动生物化学、运动生物力学、运动解剖学、运动心理学等相关学科为理论基础,结合其他领域的先进经验,探索训练规律,从而实现运动员身体素质的协调发展。

综上所述,国内外专家对体能训练的概念有着不同解释。通过对不同观点的剖析,可以将体能训练的概念定义为:体能训练是结合相关学科的理论基础,运用各种专业性的知识和多样化的训练手段来改善人体的身体形态、提高各器官系统功能、促进运动成绩提高的过程。

二、体能训练的重要性

(一)促进学生身体素质的全面发展

良好的身体素质是取得良好运动成绩的关键,是获得健康的基础。因此,结合相关研究,可以将身体素质定义为:学生在运动中所表现出的力量、速度、耐力、柔韧、灵敏和协调等。

体能训练分为专项体能训练和基础体能训练,基础体能训练主要是对人体的速度、耐力、灵敏、柔韧、协调等身体素质进行培养,从而达到改善学生身体机能以及身体形态的目的。科学的体能训练,不仅可以更快地帮助学生掌握体育知识及运动技能,提升其身体素质,还能为终身参与体育锻炼奠定坚实的基础。

(二)提高学生参与体育锻炼的积极性

传统体育训练方法的科学化程度不高,一般来讲,体育考试考什么就练什么,学校的体育教学也成为考试项目的练习课。在这种情况下,一方面训练内容无法让学生对体育锻炼产生兴趣,体育课显得枯燥乏味;另一方面,单一的训练模式也不利于学生身体素质和健康水平的提高。体能训练相对于平时课堂中的耐力跑、考试专项练习,能够极大地丰富体育训练内容,并能更好地激发学生参与体育锻炼的兴趣,从而有效地调动学生学习的积极性,使学生感受到运动带来的乐趣,同时学生的身体素质也能得到全面发展。

(三)提高学生身体素质,减少运动损伤

对于大多数学生而言,骨骼承受负荷的能力相对较弱,在进行大力量训练的过程中时有伤病发生,而体能训练的练习手段大多简单易掌握,大多数练习动作只要克服自身重量即可完成,大大减少了运动损伤。运用合理的运动负荷来提高身体素质,可以有效地提高身体各器官的功能水平,改善自身的身体形态,并改善韧带、肌肉等运动部位的功能,这对于提高身体素质和降低运动损伤的发生具有重要意义。

三、体能训练方案的设计与实施

专项体能训练是指采用直接提高专项素质的练习,以及与专项有紧密联系的专门性体能练习,最大限度地发展与专项成绩有直接关系的专项运动素质,以保证专项技术和战术在比赛中顺利有效地运用,从而创造优异成绩的训练。不同的运动项目所涉及使用的专项体能训练内容也是不同的。针对体育训练中常见的专项运动项目的体能训练设计内容在下面章节中将会进行具体介绍,这里就不再多加阐述。下面将重点介绍基础体能训练的相关设计与实施内容。

(一)体能训练方案的整体设计

1.体能训练方案的设计目标

根据目前体育教学面临的问题和体能训练方案构建依据的相关描述,将基础体能训练方案的目标构建如下。

第一,构建适合学生的基础体能训练的内容体系,要求内容新颖、安全性、合作性强,便于开展。

第二,构建出适合学生的基础体能训练的运动负荷范围、运动负荷检测办法。

第三,建立反映学生速度、力量、耐力、柔韧和灵敏素质的评价体系。

第四,保障基础体能训练方案与学校管理机制相融合,与国家体育与健康课程教学政策相符合,确保基础体能训练方案在当前的学校管理与运作体系中发挥促进学生身体素质提高的作用。

第五,全面提升学生体能,在重点提升学生敏感期体能素质的同时,加大非敏感期体能素质的训练力度,保障体能素质全面提升。

2.体能训练方案的设计原则

(1)科学性原则

基础体能训练方案是基于一定的理论基础,根据学生的生理和心理特点进行设计的。在该方案中,以《课程标准》《生理学》《心理学》和学生体能素质的敏感期理论为依据,通过查阅大量文献,设计出基础体能训练的内容、运动负荷、课程设置和评价指标。这体现了基础体能训练方案设计的科学性。

(2)可行性原则

可行性原则是指基础体能训练的方案设计应根据对象、地点、时间和平台的不同进行具体且符合实际情况的设计。内容设计和负荷安排以学生的特点和个体差异为依据；根据学校的场地、器材和师资水平设计训练的方法和手段；以提升学生的运动能力、增强身体素质和提升运动兴趣为目标。

（3）针对性训练原则

要提高运动水平、专项技术成绩，就必须在全面训练的基础上进行有针对性的训练，所谓针对性训练就是选择与专项技术相一致的手段对肌肉进行力量训练。

（4）全面性原则

学校的体育训练是针对学生身体素质提高以及运动技术提升的全面训练，以往传统的体育教学中，只对学生的耐力及力量素质加以练习，缺乏对其他素质的全面训练。在构建基础体能训练方案时应使学生各方面素质都得到全面而和谐的发展，主要包括提高学生身体素质和心理素质等方面。要使身体全面协调发展，选择的基础体能训练方法必须科学合理，因此，在基础体能训练方案中要以学生身体素质的全面提高为重点，依据科学的训练指导，重视被以往的体育训练与教学忽视的协调能力、灵活性、柔韧性等要素。

（5）适宜负荷原则

负荷量的大小对学生的身体素质有不同程度的影响作用，合理设计运动负荷、科学控制运动负荷量有利于学生体质的增强、体能的提高。如果训练的负荷过小，无法对机体形成有效刺激，所得到的锻炼效果亦有限，其成绩也就得不到明显的提高。如果负荷强度过大，一味地追求各项身体素质的提高，不仅不利于学生的身体健康，反而会妨碍了学生机体的正常发育，带来不必要的损伤。因此，在构建基础体能训练方案时要合理地安排训练计划，保证训练负荷能被大多数学生承受，减少运动损伤，使学生在练习结束后仍有良好的精力投入学习当中去。

（6）创新性原则

创新是人类智慧的物化，是人类进步的阶梯。同样，体育教育也需要创新，不断地在教学内容、方法、手段上进行创新，才会达到最佳的教学效果。在构建基础体能训练方案时，应结合学校设施及场地基本情况，并开发简易器材，如阻力带、绳梯、跳箱等。在基础体能训练动作方面也应注重练习动作的创新，如核心训练动作、组合型训练动作、辅助性训练动作等。对练习动作的不断创新，可以使基础体能训练的练习方法及手段更加多样，进而激发学生对基础体能训练的兴趣。

（7）多样性原则

基础体能训练的训练手段及训练方法始终围绕着力量素质、速度素质、灵敏素质、协调素质、耐力素质五大素质进行练习，其本身就具有多样性。在基础体能训练方案的构建中，也可以改变动作的练习节奏、练习路线、练习负荷等，使练习方法多样化。

（8）系统性原则

系统性原则是指应根据身体发展的内在规律，对训练过程进行科学合理的规划。这就需要对各个方面进行系统的安排，包括训练负荷、训练内容等。由于人体不同阶段的身体发展规律有一定的差异，因此，在某一运动素质增长快速的时期，为了使训练效果达到最佳状态，就应该采取相应的训练内容进行强化训练。

3.体能训练方案的设计内容

人体在提高速度、力量、耐力和灵敏等素质时需要通过改善人体的能量代谢、神经、肌肉、骨骼等系统来实现。任何一种运动形式对上述系统都有特殊的要求。在能量代谢方面所有运动形式均是由三大能量供应系统相互协作完成供能的，但在供能比例上有所区别。体能素质的训练原理如图 3-1 所示。

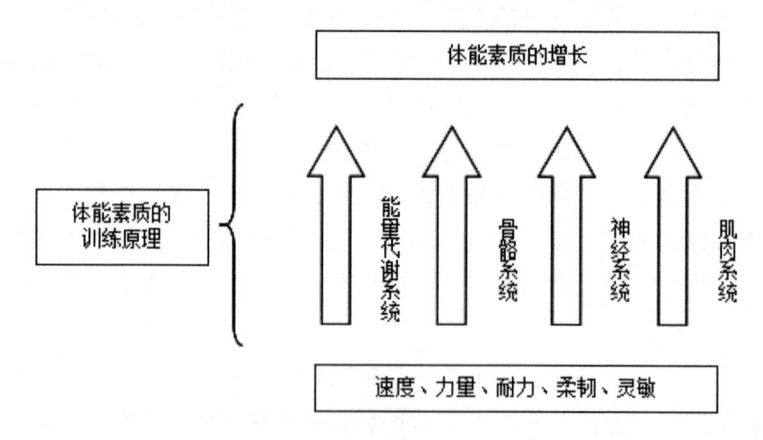

图 3-1 体能素质的训练原理

因此，设置学生基础体能训练的内容，不仅需要考虑到学生本人的生理、心理特点和相关训练学理论，而且应当结合运动素质本身的素质分类、影响因素和训练方法。基础体能训练内容构建的依据如图 3-2 所示。

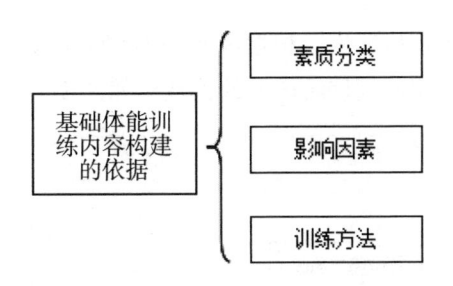

图 3-2　基础体能训练内容构建的依据

（1）速度素质内容

速度素质由与反应密切相关的反应速度、反映动作技能完成情况的动作速度和反映平面位移移动情况的位移速度构成。速度是物体移动的前提保障，直接决定了物体移动的效率、时间和功效，从物理学角度来审视，速度是物体空间位置的速率变化，之于学生体育运动来说，发展学生的速度素质有利于提高学生的反应速度——瞬间应变能力，有利于提高学生的动作速度——动作技能的完成能力，有利于提高学生的位移速度——物体移动变换的效率。

在《运动生理学》和《运动训练学》中，一致将速度素质分为反应速度、动作速度和移动速度，如图 3-3 所示。在提升反应速度和动作速度的同时，发展移动速度是基础体能训练的主要训练方向。

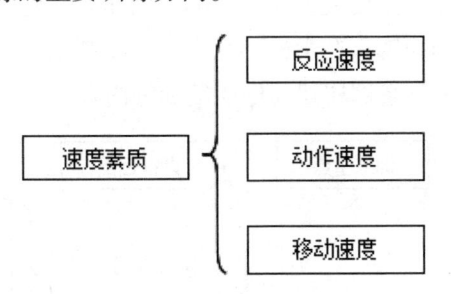

图 3-3　速度素质的分类

第一，反应速度的训练方案设计包括以下几方面。

影响因素：从生理层面上讲，反应速度主要与神经、肌肉系统的协调配合能力有关，其影响因素主要包括中枢神经系统的机能状态、反应时间和运动条件反射的巩固程度。

训练方法：反应速度主要表现为接收与分析信号的能力、反射弧传递的速度以及肌肉应答收缩的速度；在一些学校的体育活动中，训练人数多、场地器材有限，为了便于管理和高效训练，应结合《运动训练学》关于反应速度的训练方法，主要以信号刺激法训练反应速度。根据《运动训练学》建议的内容，结合当前学校的实践经验，进行反应速度训练内容的构建，如图3-4所示。

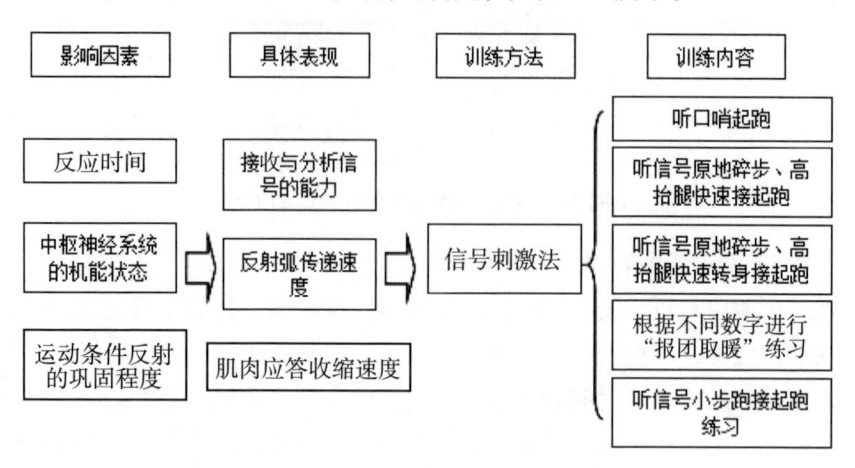

图3-4 反应速度训练内容的构建

第二，动作速度的训练方案设计包括以下几方面。

影响因素：从生理层面上讲，动作速度主要受肌纤维类型、肌肉力量、神经肌肉系统机能状态、运动条件反射的巩固程度的影响。

训练方法：动作速度主要表现为运动部位动作的快慢，在运动过程中主要表现为上肢和下肢的动作频率；在学校环境中，主要利用操场和特定的动作进行练习。根据相关书籍和教学案例构建动作速度训练内容，如图3-5所示。

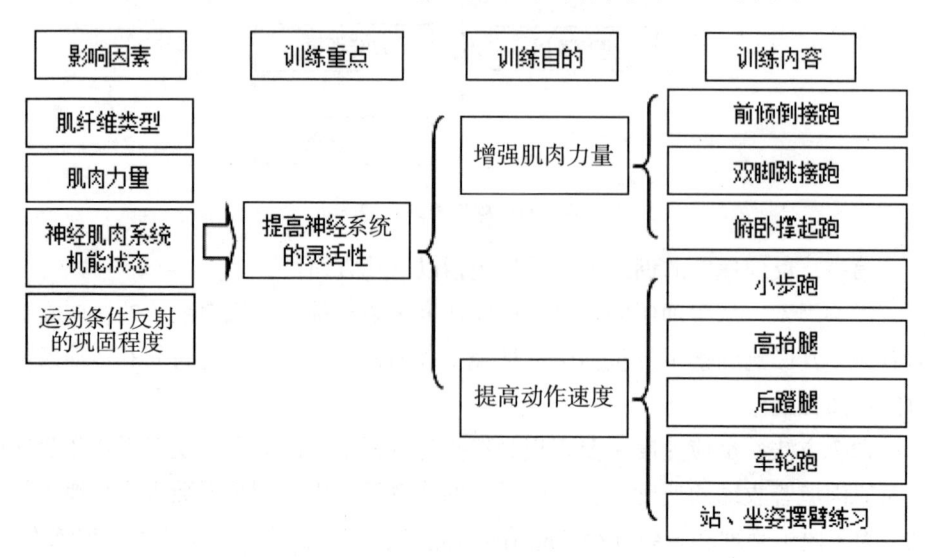

图3-5 动作速度训练内容的构建

第三，移动速度的训练方案设计包括以下几方面。

影响因素：从生理学层面上讲，影响移动速度的主要因素有步频、步长以及供能效率。步频与动作速度密切相关，步幅主要取决于下肢力量的大小。

训练方法：移动速度与肌肉力量和动作速度紧密相关；移动速度主要表现为单位距离的用时长短。在学校环境中，可以利用田径场环境进行特定动作的练习。根据相关书籍和教学案例，移动速度训练内容的构建如图 3-6 所示。

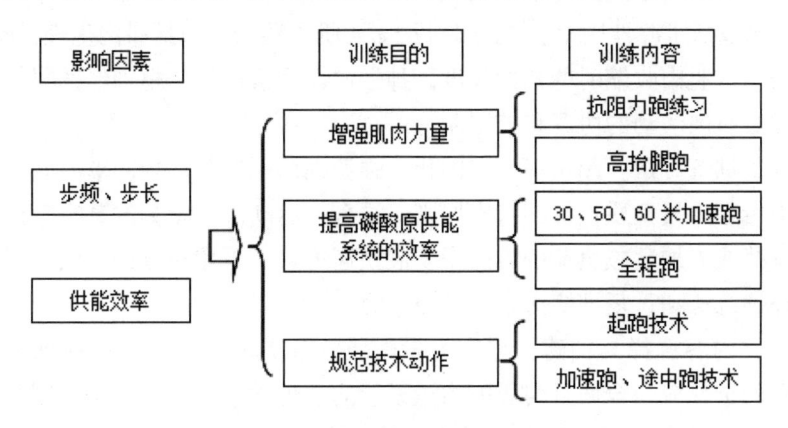

图 3-6　移动速度训练内容的构建

（2）力量素质内容构建

第一，力量素质的分类。力量素质指的是当人体或人体的某个部分在运动中遇到外部与内部的阻力时，能够对其进行抵抗的能力。外部阻力指的是摩擦力、水或空气的阻力、支撑力的反力以及物体自身的重量等；而内部阻力指的是关节的加固力、肌肉的黏滞力以及各个肌肉群之间的相互作用力等。

力量素质的提高可以使学生在运动过程中具备更强大的力量以及更稳定的控制力，从而可以更加协调、流畅地完成每一个技术动作。此外，力量素质的改善还可以让深层次的小肌肉群对稳定性较高的功能起到一定的保护作用，从而可以很好地预防急性运动损伤的发生。

根据运动中力量素质的不同表现，可以将力量素质分为力量耐力、最大力量和快速力量三类。在力量训练过程中，骨骼由于弹性好，坚固性差，耐乳酸能力差，不宜进行最大力量训练和大负荷训练，应多采用小负荷尤其是克服自重的训练方式，多采用动力性练习，尽量少用静力性练习，同时避免在训练过程中憋气。

根据运动解剖学的划分，人体的力量素质可以分为上肢力量、核心力量和下肢力量，如图 3-7 所示。

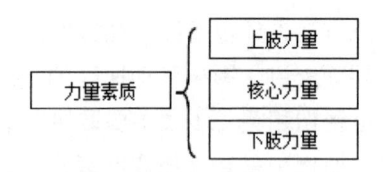

```
              ┌── 上肢力量
    力量素质 ─┤── 核心力量
              └── 下肢力量
```

图 3-7　力量素质的分类

第二，影响因素。力量素质受多种生理学因素影响，但从基础体能训练角度分析，主要包括肌源性因素、神经源性因素。肌源性因素包括肌肉生理横断面积、肌纤维类型、肌肉收缩时的初始长度。神经源性因素包括中枢神经的兴奋状态、运动中枢对肌肉活动的协调和控制能力。

第三，训练方法。超负荷、专门化、强调训练顺序、严控间歇时间和注重发展核心力量是力量素质训练的基本原则。结合《运动训练学》的基本理论，一般采用减负荷或先加后减负荷的方式来发展快速力量，采用持续训练法、间歇训练法、循环训练法和重复训练法来发展力量耐力。

第四，内容选择与构建。根据力量素质的分类、影响因素和训练方法的论述，内容的选择应当全面且与影响力量素质的生理学因素以及训练原则相呼应。图 3-8、图 3-9 分别为力量耐力训练内容的构建、快速力量训练内容的构建。

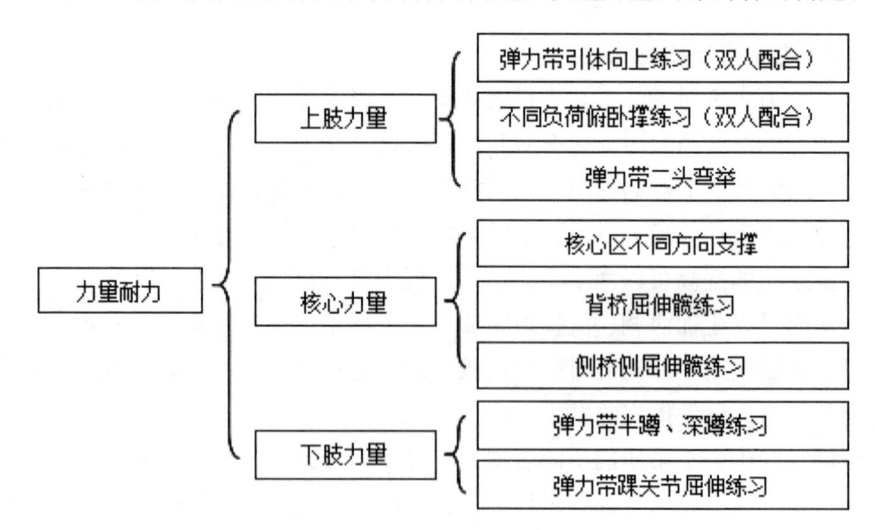

```
                    ┌── 上肢力量 ─┬── 弹力带引体向上练习（双人配合）
                    │             ├── 不同负荷俯卧撑练习（双人配合）
                    │             └── 弹力带二头弯举
                    │
      力量耐力 ─────┤── 核心力量 ─┬── 核心区不同方向支撑
                    │             ├── 背桥屈伸髋练习
                    │             └── 侧桥侧屈伸髋练习
                    │
                    └── 下肢力量 ─┬── 弹力带半蹲、深蹲练习
                                  └── 弹力带踝关节屈伸练习
```

图 3-8　力量耐力训练内容的构建

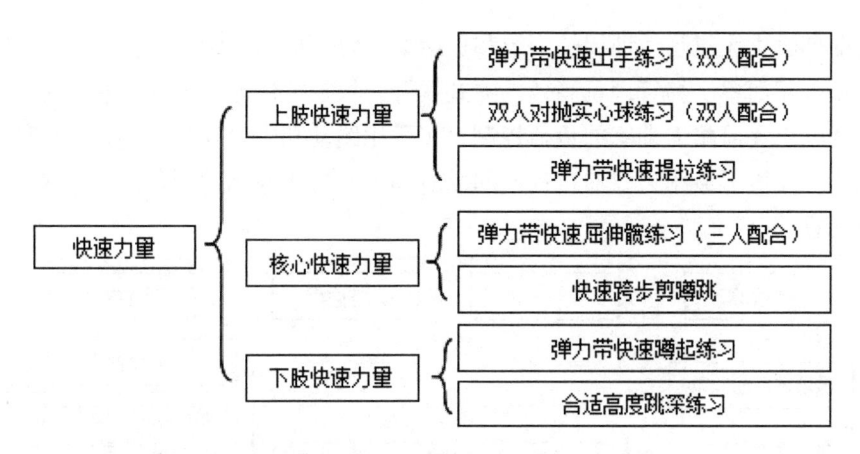

```
                 ┌─ 上肢快速力量 ┬─ 弹力带快速出手练习（双人配合）
                 │               ├─ 双人对抛实心球练习（双人配合）
                 │               └─ 弹力带快速提拉练习
  快速力量 ──────┼─ 核心快速力量 ┬─ 弹力带快速屈伸髋练习（三人配合）
                 │               └─ 快速跨步剪蹲跳
                 └─ 下肢快速力量 ┬─ 弹力带快速蹲起练习
                                 └─ 合适高度跳深练习
```

图 3-9　快速力量训练内容的构建

（3）耐力素质内容构建

通常将耐力界定为坚持长时间运动的能力。经常进行耐力素质训练，可以提高心肺功能，也可以改善学生的心理状态，有利于心理健康。学生进行耐力素质训练，有利于促进学生神经兴奋，改善学生身体机能，可以让学生感觉到精力充沛。另外，通过不断培养学生的耐力素质，还能增强学生的意志力，使学生能够以更加积极、乐观的心态去面对生活或学习中所遇到的一切困难。

以生理系统的特点为分类依据，可以将耐力素质分为心血管耐力和肌肉耐力。以人体的能量代谢系统为依据，心血管耐力又分为有氧耐力和无氧耐力。一般来讲，耐力素质训练内容以心血管耐力训练为主，耐力素质具体分为有氧耐力和无氧耐力两部分，如图 3-10 所示。

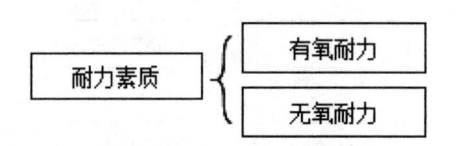

```
  耐力素质 ┬─ 有氧耐力
           └─ 无氧耐力
```

图 3-10　耐力素质分类

第一，无氧耐力的训练方案设计包括以下几方面。

影响因素：从生理层面讲，影响无氧耐力的主要因素包括糖酵解供能能力、机体缓冲乳酸的能力、脑细胞耐酸能力。

训练方法：根据《运动生理学》的相关理论，在进行无氧耐力训练时应当进行耐乳酸训练和缺氧训练，其内容构建如图 3-11 所示。

大部分体能训练理论均认为，应尽量控制学生的无氧耐力运动负荷，减少青春期前期学生无氧耐力训练的内容和负荷量。考虑到体育教育环境和时间的限制，一般多采用简单、易管理且高效的方式展开。根据《体能训练学》和《运动训练学》和学生无氧耐力训练的负荷控制，多采用跑动和力量训练的形式，以间歇训练法为主发展无氧耐力，通过控制间歇时间和次数来控制运动负荷，避免对学生造成伤害。

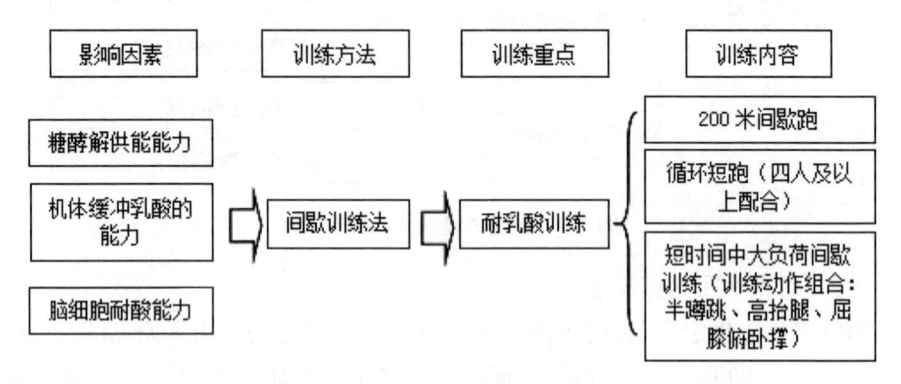

图 3-11　无氧耐力训练内容的构建

第二，有氧耐力的训练方案设计包括以下几方面。

影响因素：从生理层面讲，有氧耐力主要受氧运输系统的功能、神经系统的调节能力、骨骼肌的特点和能量供应特点的影响。

训练方法：发展有氧耐力一般以提升心肺功能和发展有氧氧化供能系统为主。可以利用持续训练法进行耐久跑训练，采用间歇训练法进行短跑练习或者各种组合动作的练习。有氧耐力训练内容的构建如图 3-12 所示。

图 3-12　有氧耐力训练内容的构建

（4）柔韧素质内容构建

第一，柔韧素质的分类。柔韧素质是指人体韧带、肌腱、肌肉等组织的伸展能力。我国体质学界认为柔韧素质是体质三要素中身体素质的重要组成部分，美国运动医学学会（American College of Sports Medicine，ACSM）直接将柔韧素质视为体适能的四大构成要素之一。柔韧素质分为静力性柔韧素质和动力性柔韧素质，静力性柔韧素质是柔韧素质的基础，测试简单、利于评价、易于普及和应用，在健身实践中常以其代表柔韧素质，其核心测试指标为坐位体前屈。

根据《运动训练学》和《运动生理学》介绍的理论和方法，采用静力性拉伸的方法发展静力性柔韧素质，采用动态拉伸的方法发展动力性柔韧素质，如图3-13所示。

图 3-13 柔韧素质分类

第二，影响因素。根据《运动生理学》的理论，影响柔韧素质的主要因素为关节的结构特征、关节周围软组织的伸展性、关节周围组织的体积、中枢神经的协调功能和肌肉力量。发展柔韧素质应当以关节的结构为依据，练习过程中，不能超过解剖学允许的活动范围。

第三，训练方法。在学校体育活动中，一般发展柔韧素质以热身的形式展开。《运动生理学》详细描述了发展柔韧素质的基本原则，包括：以关节结构为依据、与准备活动相结合、热身与循序渐进、与力量练习相结合。以学校体育课的结构模式和柔韧练习的热身与放松功能为依据，采用动态拉伸和静力性拉伸的方法开展训练前的准备活动和训练后的放松活动。

发展学生的柔韧素质，应考虑到随着年龄增长，柔韧素质下降的事实，因此，设置便于开展的内容，提高训练频率是发展柔韧素质的主要思路。基础体能训练过程中以骨骼肌肉系统的主动运动为主，训练前的热身部分内容采用主动动态拉伸动作，内容构建以激活神经肌肉系统、提升肌肉和关节的活动幅度、增强运动兴奋感、防止运动损伤为主，使机体尽快适应训练负荷并进入运动状态。

训练结束后的放松，以静力性拉伸为主，内容构建以提升关节的活动幅度、放松身心、减轻训练带来的生理反应为主，而具体内容设计如图3-14所示。

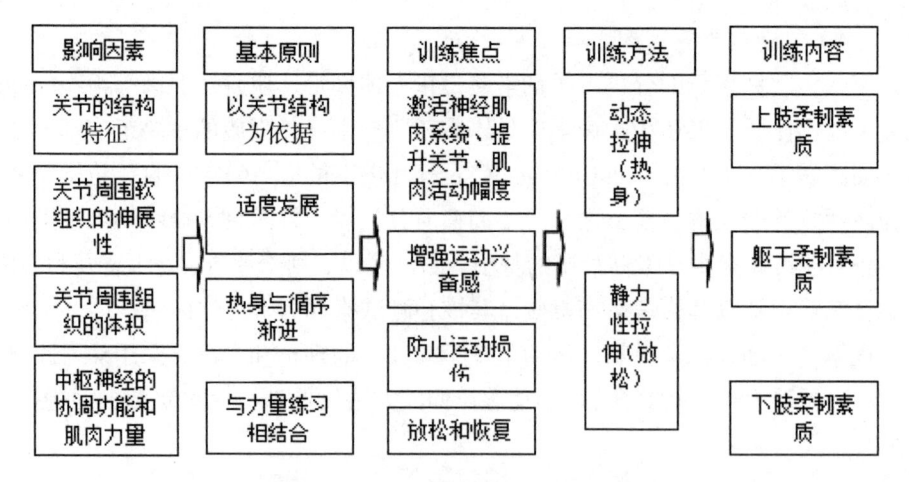

```
影响因素        基本原则        训练焦点        训练方法        训练内容
关节的结构     以关节结构     激活神经肌     动态           上肢柔韧素
特征           为依据         肉系统、提     拉伸           质
                              升关节、肌     （热
                              肉活动幅度     身）
关节周围软     适度发展
组织的伸展                    增强运动兴                    躯干柔韧素
性                            奋感                          质
关节周围组     热身与循序                    静力
织的体积       渐进           防止运动损     性拉
                              伤             伸（放
                                             松）
中枢神经的     与力量练习                                   下肢柔韧素
协调功能和     相结合         放松和恢复                    质
肌肉力量
```

图 3-14 柔韧素质训练内容的构建

综合以上论述，结合体育课的结构特点和柔韧素质的分类，内容构建以静力性拉升和主动动态拉伸两部分为主。综合《体能训练设计指南》和前人的研究成果，柔韧素质训练内容如表 3-1 所示。

表 3-1 柔韧素质训练内容汇总表

训练目标	训练内容	训练场地
静力性拉伸	1. 躯干拉伸 （1）颈部拉伸 （2）体侧屈拉伸 （3）脊柱伸展拉伸 （4）仰卧屈髋转体拉伸 2. 四肢关节拉伸练习 （1）肩：站姿肩关节拉伸（双人配合） （2）髋：分腿跪姿体前屈拉伸，深蹲站立体前屈拉伸 （3）膝：单腿后侧屈膝练习（站姿） （4）踝：前后跨步移动练习（直膝）	操场
动态拉伸	1. 脚跟至脚尖行走 2. 抱臂练习 3. 高抬腿行走练习 4. 伐木动作练习 5. 前跨步动态拉伸练习 6. 行进间侧向摆腿练习 7. 髋部外展内收动作练习 8. 跳跃击腿练习	操场

（5）灵敏素质内容构建

灵敏素质指的是在各种突发条件下，人体快速、协调、敏捷、准确地完成动作的能力。它是运动技能、神经反应以及机体中各种身体素质的综合表现。之所以这么说，是因为不同的运动训练项目在动作进行时对动作的完成情况有不同程度上的要求。它建立在力量、速度、耐力、柔韧等多种素质和技能之上。神经反应决定了反应速度的快慢、判断是否准确、做出应答动作的快慢。因此，反应迅速、判断准确、及时做出应答动作是发展灵敏素质的先决条件，以上基本素质协同配合才能够更加有效地完成应答动作。

协调性是指中枢神经系统对肌肉合理而精细的支配能力，是保证高质量的动作顺利完成的重要素质。在所有的身体素质中，协调能力的提升是最为困难的，它不仅与肌肉的收缩舒张程度有关，同时与肌肉耐力、动作技术娴熟程度、机体重心平稳程度、身体柔韧性等都有密切的关系。

灵敏和协调具有高度的关联性和相似性，发展灵敏素质的过程，在很大程度上也是在发展身体的协调性。因此，结合实际需要，下面将对灵敏素质展开论述。

第一，分类依据。灵敏素质主要表现为在运动中改变方位或体位、变换动作和随机应变的能力。运动过程中，学生在受到某种刺激后快速做出变向或改变上肢运动轨迹，以做出应变措施等均属于灵敏范畴。例如，在橄榄球运动中，当一位运动员注意到对手迎面而来时，他会立即变向以避免遭受攻击。根据表现形式，灵敏素质以视觉的决策要素和身体素质的运用要素为依据，可分为反应灵敏和移动灵敏两个部分。

第二，影响因素。灵敏是一项复杂的综合素质，与力量、速度等素质密切相关。影响灵敏素质的主要因素包括大脑皮质的机能状态、感觉器官的机能状态、运动技能的掌握程度。根据《运动生理学》提供的训练方法和学校体育环境的实际情况，在速度、力量、耐力、柔韧等素质训练内容实施的情况下，应当以提高大脑皮质神经过程的灵活性为灵敏素质训练的重点。

第三，训练方法。学生灵敏素质训练内容的构建主要是将激活神经兴奋性和发展动作速度相结合、力量和爆发力练习相结合、力量训练和反应速度训练相结合。具体设计内容如图3-15所示。

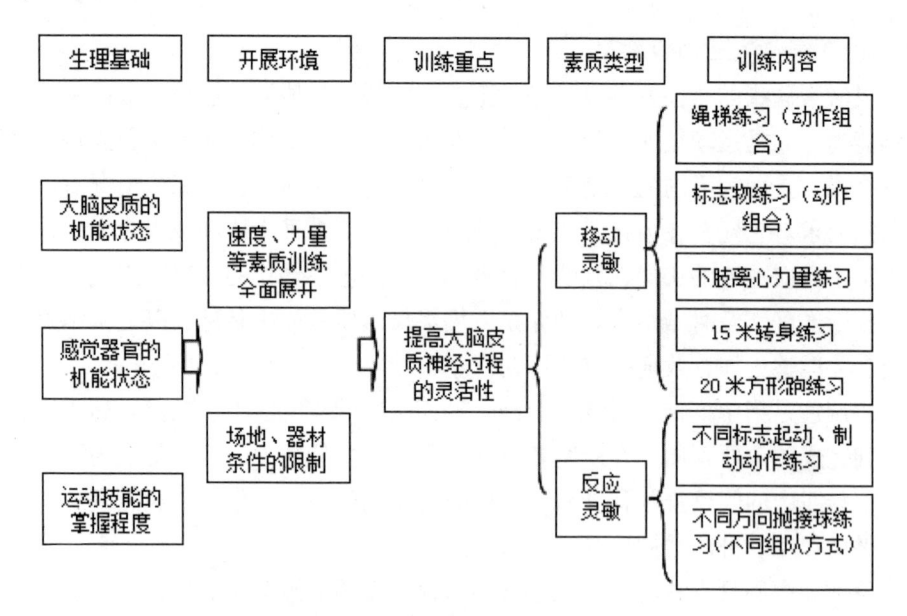

图 3-15　灵敏素质内容的构建

表 3-2 为灵敏素质训练内容汇总表。

表 3-2　灵敏素质训练内容汇总表

训练目标	训练内容	训练器械
移动灵敏	移动灵敏： 1. 绳梯练习（来米奇脚步移动、侧面右进、交叉步并步练习、蛇形跳、进出脚步移动） 2. 标志物练习（6米折返跑、Z字形跑、8字形跑） 3. 下肢离心力量练习、启动制动作练习 4. 15米转身练习 5. 20米方形跑练习	绳梯、标志桶
反应灵敏	1. 根据不同标志进行起动与制动动作练习 2. 不同方向抛接球练习（双人或三人配合）	篮球

（二）体能训练的实施目标和原则

基础体能训练的实施主要依托常规体能训练和大课间活动两个平台。通过实施每周两次的常规体能训练，全面发展学生的速度、力量、耐力、柔韧和灵敏素质。通过每日进行大课间的体能训练发展学生基础体能，同时有针对性地发展学生弱项体能素质，"补齐短板"，促进体能素质全面发展。

1. 体能训练的实施目标

第一，通过基础体能训练，促进学生跑、跳、投等基本运动能力的提升，促进速度、力量、耐力、柔韧和灵敏素质的提升。

第二，通过基础体能训练，使学生掌握多项锻炼身体和促进身体素质提升的训练方法和手段。

2. 体能训练的实施原则

（1）适宜负荷原则

学生尚处于生长发育阶段，拥有较强的精力和体力，但是也有其运动负荷的上限。而绝大多数学生的骨骼尚处于生长阶段，肌肉以及内脏器官、组织也处于发育阶段，若对其进行超过其身体基本承受能力的基础体能训练，将对学生的身体造成巨大的损害。

（2）结合"敏感期"原则

在校学习阶段是学生力量、速度、耐力、灵敏等体能素质训练的敏感期。在这一时期对敏感体能素质进行训练将会起到事半功倍的效果。因此，抓住体能素质训练的敏感期进行训练，至关重要。

（3）综合性原则

综合性原则是指基础体能训练在实施过程中应综合、全面地发展学生体能，训练方法和手段主要围绕提升能量代谢系统的供能能力和骨骼系统、神经肌肉系统的相关能力展开。常规体能训练的内容按照速度、力量、耐力、柔韧和灵敏素质五个方面进行构建，并且以各项素质间的良性转化为依据。常规体能训练和大课间体能训练按照各自的特点进行针对性的训练，体现训练过程的综合性。

第二节　体育训练中的心理训练

一、心理训练释义

（一）心理训练的定义

20世纪60年代以来，随着国际竞技体育运动的迅速发展，比赛的激烈程度加剧，获胜难度增大，所带来的心理压力使运动员越来越难以承受，因此，越来越多的教练员和运动员开始意识到心理素质在比赛中的重要性，心理训练就是在此背景下出现的。心理训练可以从广义和狭义上来界定。从广义上讲，心理训练就是有意识、有目的地对运动员或学生的心理施加影响的过程。而从狭义上讲，心理训练就是采用一定的方法和手段来使运动员或学生形成良好心理状态的过程。

近年来，国内外有关心理训练的最新研究强调，有效的心理训练能使运动员在竞技比赛中更好地发挥自己的技术水平，取得优秀的运动成绩。

（二）心理训练的相关概念

心理技能训练（Psychological Skill Training，PST）：指采用一定的方法和手段对人的心理施加影响，以此来达到强化心理技能、培养特殊心理能力的目的。简言之，心理技能训练就是系统化、持续化的心智或心理技能的练习。

表象训练：指人们有意识地利用自己头脑中已经形成的表象，对技术动作或运动情境进行回顾、重复和丰富发展，从而唤起运动感觉，强化肌肉本体感觉，提高运动技能和情绪控制能力的方法和过程。

暗示训练：指利用语言、手势、表情以及其他刺激物，采用间接、含蓄的方法，对训练者的心理状态和行为施加影响的过程。

二、心理训练的方式方法

（一）主要分类

心理训练的方式方法种类繁多，而且应用广泛。不同的国家和地区都拥有自己独特的心理训练方法。

一般来讲，可以将心理训练方法分为两类，一类是行为干预（如放松训练、生物反馈训练、系统脱敏训练、模拟训练等），另一类是认知干预（如表象训练、认知训练、自信训练、暗示训练等）。

表象训练和暗示训练是当今国内外比较流行和被广泛应用于体育教学与训练中的心理训练方法。其中表象训练是认知干预中最为主要的训练方法，并且人们在很长的一段时间中把表象训练等同于心理训练。表象训练具有三种分类形式，根据训练中人所处的视角不同可分为内部表象和外部表象；根据训练中人感官的不同可分为视觉表象和听觉表象；根据训练中表象的内容不同可分为情境表象和动作表象。暗示训练按形式和方法可分为自我暗示、他人暗示、环境暗示、标志暗示、表情和体态暗示、语调暗示六种。

（二）具体方法分析

1. 教育疏导法

教育疏导法是根据被训练者的心理特点和心理状况有针对性地进行思想驾驭和疏导，以培养其良好心理品质的方法。

在使用教育疏导法的过程中，要特别注重发挥榜样的作用。榜样的力量是无穷的。它可以激发被训练者奋发向上、不断进取，使其树立不畏艰险、敢打必胜的信心。榜样既可以是英雄人物，也可以是被训练者身边的人物。榜样教育能够增强被训练者的使命感、责任心。

2. 讲解法

讲解法是通过必要的知识和有关问题的讲解与陈述来调节和改善被训练者心理的训练方法。心理训练注重实际锻炼，主要靠亲自体验。但是，它不是一种盲目的训练，必须调动被训练者主动参与的积极性，这就要用讲解法进行必要的动员。因此，可以用讲解法组织被训练者学习有关的心理学知识，教给他们心理分析的方法，启发和引导他们全面客观地分析自己的心理特点，使他们能够发现自身心理的弱点，并加以调节和克服。

运用讲解法，要注意与教练员的示范动作相结合，与直观教具的使用相结合，与观摩、练习相结合，与个别指导相结合。

第三节　体育运动训练的管理

一、体育运动训练管理的基本模式

应该对体育运动训练管理模式展开认真而全面的分析与研讨，以发现体育运动训练管理中共性和规律性的东西，得到指导体育运动训练管理工作的关键与要点。

当前的体育运动训练管理具有三种主要的模式：一是传统模式，通过对学生身体素质的普遍测试发现具有运动天赋的运动员，使其接受体育运动训练，在科学管理的基础上取得理想的运动成绩。二是兴趣模式，通过体育课堂建立学生对专项运动的兴趣，形成专项运动的体育入口，在其中挑选出具有竞技优势的学生作为运动员，进行体育运动训练，以体育运动训练管理实现运动水平的提升。三是俱乐部模式。这是一种全新的模式，通过在学校建立运动专项俱乐部形成一整套发现、招收和培养运动员的机制，通过对俱乐部的管理来实现体育运动和训练水平的提升。

二、体育运动训练的管理要点

（一）对体育运动员的管理

一方面，要加强对运动员的思想教育，在体育运动训练管理过程中教练员要在加强自身思想修养的基础上对运动员进行正面教育。另一方面，要对运动员的文化和生活进行管理。体育运动训练管理人员应该综合协调、齐抓共管，确保运动员的心理健康。

（二）对体育运动教练员的管理

为了更好地把握体育运动教练员的工作质量，应该为每个教练员制定相应的目标检查及组织评定制度，要掌握教练员训练的各种资料。对收集到的情况进行分析和判断，在广泛征求意见的基础上对教练员进行综合评价，并提出评定的意见，形成对教练员全面的管理，进而确保体育运动训练的成绩和效果。

（三）对体育运动队的管理

1.激励全员参与训练管理

使每个运动员以极大的热情参与到日常的训练管理中是提高体育竞技水平的重要举措。因此，运动队在训练过程中要充分调动运动员的主观能动性，提升训练效率，提高团队凝聚力。运动员和教练员要不断地总结经验，提升技战术水平，而目前摆在他们面前的仍然是"学训矛盾"。

目前，高水平运动队的主管领导、教练员、后勤人员、医疗人员等都是提升运动成绩的保障。学校应当制定完善的激励政策，让每个团队成员都能够以饱满的热情投入体育工作中，同时提升运动员训练管理的水平，树立积极向上的体育目标，坚持以人为本的思想，不断提升运动员的思想水平，让每个运动员在日常训练过程中提升幸福感和满足感。只有这样才能够保障运动员和高水平运动队的长久发展。

随着国家体育机制的不断完善，我国各阶段的学校尤其是高校面临着培养一批高素质、高学历的体育专项人才的迫切任务，这就需要各学校不断完善运动管理机制，解决运动员的"学训矛盾"，通过相应的机制不断地完善训练奖励体系，并在立足本校优势运动项目的基础上，不断地提高其他项目的竞技水平。

2. 优化目标管理和组织管理

目标管理和组织管理对体育运动队的发展具有重要作用，也是高水平运动队提高体育竞技成绩的保障。二者之间既相互作用，又相互影响。当运动员设定了运动目标后，就会通过日常训练来达到目标，体育运动队作为组织团体，是为运动员服务的，只有组织管理有序进行，才能使运动员的目标得以实现。

目前，体育运动队主要通过日常训练来提升运动员的竞技水平，通过培养高素质、高文化水平的体育人才为学校体育发展做贡献。目标是一个既定形式，而运动员是组织下面的一个个体，一个组织是为了某个目标而成立的，只有明确了目标，才能使组织下的每个个体为之服务。

学校应当坚持以人为本，培养一批高素质、高技能的优秀教练员队伍，并加大教练员人才引进，向其提供学习和交流的机制。

通过调查发现，目前部分学校的教练员培训很难实现，但可以通过兼职或招聘的形式来缓解教练员之间的供需矛盾。为教练员建立双向供给机制，应注意教练员个体之间的差异，了解教练员在一定时期内的需要，根据教练员的特点来选择更适合教练员的发展道路。

综上所述，体育运动队的训练管理固然重要，但以人为本，重视教练员和运动员的质量更加重要，运动队应设立合理科学的既定目标，完善优秀人才引进和培养机制，坚持教练员理论与业务水平同步提升，发挥教练员的业务优势，谋求运动队、教练员和运动员三者之间的共同发展。

3. 拓宽体育运动队资金的筹措渠道

为了能够改变体育运动队训练经费短缺的问题，就需要拓宽体育运动队资金的筹措渠道，从而推动体育运动队良性发展。以往体育运动队的资金都是来自当地政府部门的拨款，这种方式筹措的资金量比较有限，所以在今后的资金引进上可以考虑与社会中的运动器械类企业开展合作，从而让体育运动队的资金更加充足，为其发展奠定经济基础，进而实现有效管理。

4. 构建完善的运动员评价体系

我国的一些学校具有得天独厚的优势，在此基础上应当充分整合学校的优势，针对训练过程中出现的问题，进行及时跟进、及时沟通，并配备对应的医疗人员、后期保障人员。然而目前我国部分学校的运动员评价体系往往是主观的、片面的，对运动员的评价往往来源于教练员的主观判断，甚至有的学校是通过运动成绩来评估的。这种评价体系是不科学、不健全的，不能够准确判断运动员实际的水平。

好的交流是构建评价系统的基础，教练员与运动员之间建立良好的沟通渠道是保障日常训练和提高竞技水平的基础。运动员和教练员之间的沟通也会对整个运动队的训练管理产生积极的影响。因此，教练员在与运动员进行沟通交流时，不仅仅要注重日常训练的交流，也要对运动员的学习和生活进行关心，从各个方面来了解运动员的变化，确保运动员能够以积极、稳定的心态参加到日常训练的过程中。

第四章　体育教学的基本内容

体育教学作为学校体育的重要组织形式，已成为培养学生体育兴趣、丰富学生生活内容、改变学生生活方式和提高学生思想素质的"前沿阵地"。围绕体育教学的基本内容，分析其中可能存在的现实问题，进而探索相应的创新路径，可为我国体育教学研究的深化与拓展寻找新的理论增长点。本章分为体育教学的基本理论、体育教学技能的提升、体育教学内容的划分三部分。

第一节　体育教学的基本理论

一、体育教学的概念与特点

（一）体育教学的概念

1. 教学

教学，是"教"和"学"。《教育大辞典》中注释：其一，教学以课程内容为中间媒介；其二，教学同时包含师生双方教和学的共同活动；其三，教学是学校实现教育目标的基本途径。教学在教育领域广泛应用，内涵和外延丰富。但是，在学术领域教学暂未形成统一概念，教学概念可见于相关学者的研究文献之中。有学者认为教学是教师和学生以课堂为主渠道的相互交流活动。

从逻辑学的角度出发，体育教学是教学的种概念之一，体育教学属于教学的下位概念，因此，认识教学的内涵是理解体育教学概念的前提条件，厘清教学概念有助于理解体育教学。尽管"教学"一词很早就广泛地运用于社会、经济、教育、体育等领域，而且人们也耳熟能详，但就"教学"一词的概念来说至今人们也未达成共识。从不同的"教学"词源和释义来看，"教学"的内涵集中体现于教师的教、学生的学、以课程内容为媒介和实现教学目标等四个方面。

2.体育教学

体育教学是教学的下位概念。那么，该如何理解体育教学呢？目前，学术界对"体育教学"的认识各不相同。大多数学者所认同的体育教学的内在含义为：在学校体育教学实践过程中，学生在体育教师有目的、有计划、有组织的带领下，积极主动地掌握体育运动技术和技能，以此来增进身心健康、提高身体活动能力以及适应自然和社会的能力，并培养良好的思想品德，促进个性发展的过程。

根据以上对体育教学概念的界定可以发现，体育教学过程中的主体——教师一般是指具有专业资格的体育教师，而体育教学内容多以放松身心和学习运动技能为主。"体育教学"的内涵也有狭义和广义之分。

从狭义角度理解，体育教学主要局限于学校体育教学，强调教师在体育教学中的作用。有学者将体育教学定义为：学生在体育教师的指导下共同参与体育活动，有目的、有计划和有组织地进行体育认知、身体练习和情感交往等活动。

从广义的角度出发，体育教学的范围较为广泛，不局限于学校体育中的体育教学相关内容，而且还包括竞技体育运动领域和社会体育过程中的体育教学。有学者指出，体育教学并非指学校体育教学，而是由学校体育、竞技体育和社会体育三方面共同组成，但实现体育教学的主要场所依然是学校。这一表述具有高度的概括性和准确性，既明确了体育教学的范围，又体现了学校体育工作在体育教学研究中的重要角色定位。

基于此，可以将广义的体育教学定义作为一般研究的逻辑起点，体育教学研究领域的内容不仅以学校体育教学为主，还包括竞技体育和社会体育中有关体育教学的内容。这里所提到的体育教学则主要是指狭义的体育教学。

（二）体育教学的特点

1.师生身体活动的频繁性

由于"身体知识"源于人不断地思考、操作与实践，因此，在体育教学中，需要体育教师反复进行技术动作的示范与指导，而学生要做的则是端正态度，集中注意力观看，之后再进行身体动作的尝试与体验。不进行亲身实践与身体练习，是无法习得相关技术与技能的。所以，在体育课的实际教学过程中，教师进行身体动作教学是很常见的事情，但在其他学科的教学中很难看到。

其他学科的课程一般情况下都在室内进行，要求具备安静融洽的课堂氛围，这样才能对激发学生的思维起到良好作用；但体育教学则恰恰相反，在活动过程中既有学生强烈的身体活动,也有适当的感情与情绪表达,这些都是外显的行为表现,渲染了体育文化,直观地体现了体育运动中积极与阳光的一面。

2.传承运动知识的操作性

与其他学科明显不同的是,体育运动的知识是"身体"的知识,身体知识对学生认知自我具有重大作用,其重要性需要得到足够重视。身体知识是一种回归人类自身感觉的知识。这方面的理论是人类发展过程中的一种特殊知识,是人们由对外部自然知识的追求转向对人体内部知识的追求的结果,是人类面向自我、面向人类人体、面向人类自身的一种挑战。

当今,各级别的学校都十分重视学生的主体性,关注学生的个性养成,这种追求人类自我知识的回归不仅显示出体育教学的特殊性,还体现了体育教学知识传承的特殊目标与根本意义。可以满怀信心地认为,在未来,这类知识必将被大部分教育者所接受与认可,并将广泛地应用于人类身心健康的具体研究之中。

二、体育教学的现状与创新

(一)体育教学的现状

对教育进行改革的同时,要把素质教育作为教育改革和发展的主题,并与科学技术、经济、文化、社会相结合。因此,体育教学不再是提高学生体质的一种简单方法,而是一种全面的素质教育教学方式。

现实中的学校体育教学往往会面对诸多困境,体育教学现状如下。

1.教学方法和手段缺少创新性

体育教学方法是体育教学的主题和主体,但长期以来,体育教学方法作为体育教学中的重难点部分,也是体育教学中较为薄弱的部分。对现阶段的体育教学方法进行调查得知,体育教学方法随着时代的发展有了明显的改变,主要表现为以"教会"为主,循序渐进、因材施教、分层教学和以"勤练"为主,合理把握练习密度和运动强度。主体上是贯彻落实体育教学改革的目标和国家相关政策文件的导向,但是不够全面细致,仍强调以教促学,以教师为主体带动学生加强体育锻炼,缺乏"常赛"设置。在这种情况下,要以赛促练,积极带动学校体育锻炼的浪潮,使学生享受竞赛乐趣、更加牢固地掌握专项运动技能,还要将"以教促学"的观念转向"以学促教",充分把握学情,注重学生个人差异。

现阶段的体育教学方法存在一定的不合理性,主要是因为一些地区的各级各类学校联系不紧密,难以形成联动。大多数学校的体育竞赛活动和形式较为单一,难以激发学生的参与兴趣，且校园安全问题仍然是学校体育竞赛发展完善的重要阻碍，如何合理解决以上诸多难题是推进体育教学方法不断完善和实现突破的关键所在。

在具体的教学方法上，未出现明显的创新和改变，部分学校仅增加了一些辅助性的练习方法和手段，教学方法和手段仍需要进一步创新。

2. 教学设计与实施过程缺乏严谨性

合理的体育教学设计与实施有助于突出体育教学活动中学生的主体地位、有助于增强学生的学习兴趣、有助于提高体育教学效率和体育教学效果。通过对部分学校的体育教学设计与实施进行调查得知，现阶段的体育教学设计与实施主要表现为贯彻"教会、勤练、常赛"的方针和"健康第一"的指导思想。目前，大多数学校的体育教学设计与实施及体育考试和比赛项目的契合度并不是很高。

首先，体育教学设计与实施积极贯彻"教会、勤练、常赛"的方针和"健康第一"的指导思想值得推广，能够有效落实相关政策要求，但是是否具备全面性需要进一步探讨。

其次，在体育教学设计与实施中仅增加与体育考试相关的项目不利于学生在基础体育教育阶段熟悉和了解各类体育项目，进而导致"应试化体育教学"现象的产生，不利于正常体育教学的良性循环。

最后，体育教学设计多以球类项目和耐力素质练习为主，缺乏严谨性和合理性。球类项目是目前体育考试项目中的重要一项，针对性的教学和练习是必要的，但是课程内容设计主要集中于球类项目和耐力素质的练习则显得过于片面，对此，仍需要针对学生的基本运动素质进行设计，不能仅仅针对考试项目进行设计和实施。

3. 组织管理机制存在不足

（1）师资团队建设及学生学习动力有待提高

在教师管理方面，首先可以看到部分学校的体育教师的学历结构不平衡，尤其是拥有高学历的教师数量与国家标准之间仍存有不小的差距；其次，扩招现象所带来的师生比例失调也给体育教学管理带来了不小的压力；此外，教学评价、教师外出进修不理想的现状在一定程度上也会影响体育任课教师的个人发展，更不利于其教学主体性的发挥。

在学生管理方面，体育学习动力不足表现得较为明显。内在学习动机是学生学习的主要动力，它是让学生维持一定的学习行为，且能让他们为实现既定的学业目标而努力的动力倾向。从这个角度出发，学生的学习动机直接关乎其在体育教学中的实际学习效果。在对已有研究成果及访谈资料进行分析整合的基础上可以发现，部分学生对体育相关课程存有一定的认识偏差。在他们看来，体育属于一门"副科"，与主要的文化课知识相比，体育的学习与自己的学习成绩和今后的就业与成才并无太大联系，他们参加体育学习也不是想提高运动技能，仅仅是想拿到学业绩点顺利毕业。因此，部分学生未能充分认识到强健的体魄对自身的重要意义，在实际教学活动中往往表现出比较差的参与积极性。

（2）财务管理有待完善

当前不少学校在体育教研财务管理方面出现了问题，从宏观的角度出发，一些学校的招生人数不断扩大，但有关体育教学的财务投入与招生的幅度无法匹配，财务管理的信息前瞻性不强，难以真正适应大众体育教学与投入经费之间的矛盾，既不利于学校以统筹决策的方针指导体育事业的发展，也无法实现利用有限资金挖掘体育教学潜力的财务管理目的。当然通过教学也发现，不少学校在体育教学资金投放的领域没有真正的成本控制意识，财务管理能力较差，内部控制的体系不能有效建立，导致不少教学设备和教学资源重复购买，既浪费了有限的资金预算，也不能适应日益发展的体育教学事业的需要。

（3）体育教学管理的制度规范有待改进

通过调查可以看到，大部分学校都制定了体育教学管理制度，但是体育教学管理制度制定的规范性比较差。调查显示，尽管大部分学校都能够依据省教育厅的相关要求制定本校的体育教学管理制度、发布较为完善的教学管理文件，但值得注意的是，仍有部分学校并没有根据教育部的相关要求制定出完善的体育教学管理制度，致使体育教学工作的规章制度不健全，甚至出现了无章可循的现象。

此外，在调查中还发现有少数学校的体育教学制度的执行情况不容乐观，尽管一些院校已按照相关规定制定了体育教学管理制度，但在实际的教学工作中并没有严格遵守与实施，从而造成体育教学管理工作呈现出比较自由散漫的现状。此外，在教学计划及教学考核评价等方面可以看到参与主体多为管理者，由此导致教师及学生的主体性地位未能充分得以彰显而不得不以被动者的姿态继续接受管理和服务。

4. 教学理念有待革新

价值取向是指主体基于自己的价值思维方式在面对或处理各种矛盾、冲突、关系时所持的基本价值立场、价值态度以及所表现出来的价值倾向。从 20 世纪 50 年代到现在，我国学校体育课程的价值取向经历了"为社会主义国家服务""增强体质""健康第一"和"以学生为本"四个历史阶段。这也意味着当下体育课程的价值取向及教学理念要以学生的全面发展为主线，把学生置于课程教学的中心地带。实际上体育教学自身所具有的学科特点——相对开放性，在某种程度上来讲确实可以让学生体验到更多的运动感、放大的空间感、人际交往的自由感等。但现实情况是部分体育教师会不经意地按照自己的节奏实施教学，在具体教学中过分强调教师的主导作用、忽视学生个性化诉求的现象偶有发生，使得部分学生的主体性缺乏必要的发挥空间，忽视了新型创新教学理念。此外，在课程内容设置方面可以看到一些学校的体育教学尽管开始转向项目课程、校本课程，但不可否认的是"三大球运动"等老牌传统项目依然在体育课程中占据重要地位。

此外，在实际的调研过程中可以发现一些学校的体育教学过程中往往存在体育教学的指导思想相对传统滞后，无法与新生代学生进行有效接轨的现象。不少课程在传授知识的过程中存在理论化的倾向，体育教学的过程形式化、系统化，加之体育教学存在着规避损害风险的现象，导致不少教师在体育教学开展的过程中，本着安全第一的原则，使教学活动过分规范化，由此影响了学生参与体育教学的积极性和热情。不少教师在访谈中也明确提出，出于保证学生安全的考虑，很多兴趣化的体育活动无法有效展开，使体育教学在一定程度上受到了过于规范化的限制，而未能充分展现体育教学过程中的创新性理念。

此外，体育教学目标也不够新颖。体育教学应当以人为本，明确提升学生综合素质的基本导向。教学计划实施的过程中，由于教师缺少对规范化的深刻认知，不少新理念、新观点、新思路无法融入教学体系中，且教师缺乏对体育教学的动态认知，使创新理念无法融入教学环节。一些学生在访谈中明确指出，体育课无法激发自身兴趣。这是当前体育教学发展过程中必须面对的现实问题。

5. 文化素养存在缺失

在实地教研中发现部分体育教师往往处于"三跨"的岗位状态，既要接受体育教学部的管理，又要接受学生处和教务处的管理，这意味着广大体育教师既要兼顾体育课的教学，又要承担其他部门的相应的较为繁重的行政工作，这往往使广大体育教师缺乏进行理论研究的动机和动力，进而直接影响到体育教学的教学质量。不少教师在访谈中明确指出，体育教学是体能教学、技能教学，而体育理论的教学和体育文化的教学并不属于体育教师。此外，繁杂的行政工作导致不少体育教师在教学过程中长期处于疲惫状态，加之学校并没有真正形成尊重公共课、尊重体育课的氛围，更加弱化了体育教学中的文化素养。

当前伴随着时代的发展，新的教学元素和教学理念理应融入体育教学的实践中去，加之近年来国家明确提出加快发展体育产业的具体意见，这都意味着体育教学不能再简单地停滞于体能教学，而是应该把积极、健康、向上的体育文化融入体育教学的过程中。

6. 教学形式过于单一

目前的体育教学活动仍然主要集中于课堂教学，其他的教学形式配置存在着不均衡的问题，只是强调在常规教学活动的基础上进行体能和体育知识的基本测试。在与不少学生进行面对面访谈的过程中发现，对于体育课堂，很多同学抱以应付的态度，并没有真正认识到体育教学的重要性。不少学生还要参加技能考核，这尽管起到了扩展学生知识面、深化认知的作用，但也增加了学生的体育学习难度。如此一来极易形成恶性循环，导致不少同学把体育教学课视为重压，既不能通过强身健体适应体育教学的体能需求，也不能从兴趣出发，本着学习、求知的态度，建立正确的体育认知观，由此导致在课堂教学的过程中往往存在效果较差、师生互动不足的现实情况。

7. 体育资源配置不均衡

体教融合背景下的体育资源是实现体教融合以及相应教育价值的重要方面。资源的充实程度、资源的分配均等性以及相应的公平性价值，直接体现了体教融合的基本理念的可操作性。从被调查的部分学校的师资力量来看，每个班级的学生数量为 25～40 人，很多教师在教学过程中压力较大，师生比偏低，师资短缺难以满足高质量的教学需求，同时场地器材等体育资源也难以满足学生参与体育锻炼的需要。

8. 课程内容设置单一

体育课程内容是实现体育教育教学的最重要的路径体现，课程内容设置和课程安排直接影响了学生的学习和锻炼动力，而在现阶段部分学校在该方面仍然存在一定的不足之处。具体来说，从体育课程来看，一些学校的课程内容以大众体育运动项目为主，但学生往往会对新兴的体育运动课程有更高的学习兴趣，可以说，新兴体育运动缺乏导致学生对体育课程内容的兴趣度不高。

9.课程评价机制不完善

学校肩负着为国家培养和输送专业人才的使命,确保人才培养的质量是其履行使命、践行责任的重要环节,教学评价的目的在于监督和管理教学,并及时反馈教学问题。体育教学评价是体育教学中的一个重要组成部分,是客观衡量教学质量的尺度之一。在相关调查分析中发现,一般的学校教学评价包含两个部分:一是教师教学评价、二是学生评价,两者均存在评价内容不合理、评价主体单一、评价体系不健全等问题。

相关调查显示,大多数学校对于教师教学工作的评价方式仍以学生的体育学业成绩和校运动队的成绩为主,这不利于教师的全面发展。在接受调查的体育教师中,仅有极少数教师表示学校对自己的教学工作实行的是综合评价方式。立足当前体育教学的发展情况,构建以人为本理念下的教学评价体系刻不容缓,这既能激发教师的教学热情,又能鼓励学生参加体育锻炼。

(二)体育教学的创新

对于21世纪的学校体育而言,创新是教学改革最强烈的呼唤,也是时代的最强音。学校体育承担着培养和发展人的创新意识、创新精神、创新能力的任务,学校体育的发展要靠改革和创新来实现。

1.运用情境式教学手段,激发学生学习兴趣

情境式教学手段可以有效解决学生学习兴趣不高和学习有效性差的问题,建议体育教师尝试运用。教师在设计问题情境时,应关注以下三个原则:问题情境的设计应符合学生的心理特征;问题情境的设计应符合学生的知识结构;问题情境的设计应体现启发性和创新性。

一方面,可以采用游戏式情境教学方式。游戏是提高学生学习兴趣的主要形式,它具有竞赛性和趣味性。通过游戏式情境教学法,可以培养学生守纪律、守规则、团结协作的意识。教师在设计游戏情境时,需要关注三个原则:游戏情境的设计应符合学生的年龄特征;游戏情境的设计应符合学生的知识结构;游戏情境的设计应体现趣味性和竞赛性。

另一方面,可以采用竞赛式情境教学方式。通过竞赛可以激发学生的课堂参与热情,提高课堂教学效率。学生学习的第一要素是兴趣,在教学中恰当地运用竞赛法可以较好地发挥学生学习的主观能动性。竞赛式情境教学方式就是在竞赛的基础上设计教学场景,让学生在各种不同的竞赛场景中体会竞争的乐趣,享受

成功的快乐。当然，竞赛情境并不是一味地设置各种比赛就行，它需要关注三个原则：竞赛情境的设计应符合学生的生理与心理特征；竞赛情境的设计应体现教材的结构性；竞赛情境的设计应具有一定的趣味性和思考性。

2. 转变教师角色

传统体育教学理念确立已久的师生关系是一种非常不平等的关系。教师作为课堂的控制者和教学活动的组织者，可以无条件地改变教学内容。基于此，教师大多通过机械化的教学方式来进行知识传输。在核心素养理念的指导下，教师的指导与学生的学习应是相互配合的。只有共同努力，他们才能共同完成教学任务，进而很好地完成教学目标。因此，体育教师的教学方式应该发生实质性的转变。教师要放下尊严，与学生平等合作、平等交流。

体育教师要充分把握学生的闪光点，不断鼓励学生完成课堂活动。在教学中，应不断观察学生的心理变化，关注学生在活动中的表现。只有这样，才能真正成为学生的欣赏者。自培养学生核心素养的理念明确以来，人们一直在探索新的教学理念和教学方式。从本质上讲，教师应转变自身的角色，提高教学质量，以适应当前的教学改革，实现自身的角色价值。最后，核心素养理念可以在教学生活中实现，使学生在课堂上能够充分发挥自己的价值，形成民主平等的教学氛围。

3. 完善教学评价体系

合理的教学评价对于学生参与体育教学的积极性有着至关重要的影响，相关研究表明有不少教师和学生表示当前的教学评价手段和体系不合理，导致教学质量达不到预期目标，制约了教师的职业激情和学生的参与热情。对此，应尽快完善教学评价体系，帮助体育教学回归到"以人为本"的教育本位。

构建合理的教学评价体系可从以下四方面入手，即建立多元化评价体系、树立以人为本的评价观念、定量与定性评价相结合、重视学生的评价内容。

首先，大部分教师认为应建立多元化的评价体系，这反映了当前建立多元化评价体系的急迫性和必要性。多元化评价体系指的是在尊重学生个体差异的基础上展开对学生体育知识掌握程度、体育技能、平时表现等方面的评价，且不再过度依赖过往教师担任评价主体的单一评价体系。应当在以教师评价为主要依据的基础上融入学生自评、学生互相评价等评价形式，使评价公正客观，既能显示对学生主体地位的尊重，也有利于教师对自身存在的不足进行反省，从而助推教学实践的优化升级。

其次，在实际的教学评价中应牢固树立以人为本的评价观念。在教学评价的具体过程中，教师应当考虑每一个学生在体育活动中的表现及个体差异，需从多个维度进行评定，而不能仅仅依赖于动作完成度。教师应当在日常教学中关注学生较为擅长的体育项目，不要将评价内容局限于成绩分数，还要善于发现学生精神、意志、社会交往能力等方面的闪光点，在实际评价过程中考虑学生的个体差异并结合学生个人优势进行考核项目更换，主张采用鼓励式教育帮助学生树立体育运动的自信，让学生重塑体育热情。

再次，定量与定性相结合的评价极为重要，以人为本理念下的体育教学应当将定性与定量评价相结合。这里的定量与定性评价相结合指的就是在对学生展开评价的过程中，既要重视其体育项目考核的成绩，也要重视学生平时的表现，且要建立起健康第一的指导理念来引领具体的教学评价。只有两种评价方式相结合，才能更好地从多维度去帮助学生实现全面发展，让教学评价走向人性化、科学化、合理化、规范化的道路。

最后，体育教学评价中还需要发挥评价对象的主观能动性，要重视学生的评价。只有综合教师和学生两个群体的评价内容，才能确保评价公平客观、公正有效。不应只听"一家之言"，而是要聆听学生的真实心声，鼓励学生客观评价、大胆提议，提升学生在体育教学中的主体构建性。

4. 完善体育教学设计与实施

基于体育教学设计与实施中的问题，提出了"健全体育课程教学设计，避免应试体育教学现象"和"合理设计教学内容，保障学生运动技能的掌握"的完善对策。

（1）健全体育课程教学设计，避免出现应试体育教学现象

通过对现阶段体育教学设计与实施的情况进行调查发现，部分学校仅增加了体育考试项目相关内容的设计或仍实行原先的体育教学设计，体育教学设计与实施缺乏一定的严谨性和合理性。在体育教学设计与实施中仅增加体育考试项目相关内容的设计不利于学生在基础体育教育阶段熟悉和了解各类体育项目，进而导致"应试化体育教学"现象的产生，不利于正常体育教学的良性循环。

对此，学校应认真贯彻落实新的教学标准，积极探索体育教学新模式。

为了更好地解决体育教学设计与实施方面的问题，首先要充分了解问题的根源。大多数学校体育项目的设置包括足球、篮球、排球、乒乓球四项球类运动，还包括男生1000米/女生800米中长跑项目、立定跳远、男生引体向上/女生仰卧起坐等项目。同时，以上项目均在体育与健康课程内容中。

对此，首先是要让学生对各项体育项目有一个基本的认识和了解，以便学生在各项体育项目中选择自己擅长和感兴趣的体育项目进行学习和锻炼，进一步促进学生养成终身体育的习惯。

其次要积极健全体育课程教学设计，积极响应体育与健康课程项目规定，让学生真正能够对体育锻炼产生浓厚的兴趣。

（2）合理设计教学内容，保障学生运动技能的掌握

为合理设计体育教学内容，首先要保证体育教学的程序性和规范性，积极发展学生的力量、速度、耐力、柔韧、灵敏等各项身体素质，再对其结合专项进行基础运动技能的练习，最终发展学生的专项运动技能。其次，要对体育教学内容设计进行创新和突破，要积极探索适应新时代的体育教学设计，保证学生能够熟练掌握运动技能。最后，要合理设计和实施每学年、每学期、每单元、每课时的体育教学，保证学生对体育相关项目掌握的连续性和层次性，激发学生对于掌握基本运动技能的兴趣和积极性，进一步提高学生的体育参与度，保障学生通过学校体育教学就能够初步掌握一到两项运动技能。

5. 培养学生的体育锻炼习惯

新课标颁布的目的是提高学生的体育核心素养，发展学生的体育知识掌握能力，培养健康的生活方式。学生当前主要的活动区域包括家庭、学校和社会。学校、家庭和社会是相互作用、相互影响的统一体。培养学生的体育锻炼习惯可以从以下几方面来进行。

一是学校层面。建议学校创造良好的校园体育环境，可以通过举行丰富的校园体育活动营造积极的体育氛围，如在学校成立大家都喜爱项目的体育社团，让学校的体育教师作为技术指导，指导社团的活动和发展，同时为社团提供场地，通过一系列措施来保障社团的运行。学生根据兴趣加入体育社团，这既可以使学生的兴趣爱好得到满足，又可以丰富校园体育文化，学生的身体素质也可以得到良好的发展。

二是家庭层面。在学生体育锻炼习惯和健康行为的养成过程中，家长扮演着重要的角色，要引导学生树立正确的体育锻炼的理念，引导学生养成健康的生活方式。为此，家长首先要重视体育的重要作用，通过积极主动的引导，鼓励和督促学生积极锻炼。家长重视，学生才能得到更好的发展。家庭成员的监督和引导发挥着重要作用，家长督促学生锻炼可以促进学生体育学科核心素养的提升。例如，在周末及寒暑假等学生待在家里的时候，家长可以给孩子制定适量的体育任

务，如要求孩子每天运动一小时等。家长可以和孩子一起运动，这样不仅可以使学生每天保持一定的运动量，又可以促进亲子关系，在共同参与锻炼的同时，学生也可及时得到有效的监督与评价。

三是社会层面。积极的社会体育导向对学生体育习惯的养成起着积极的作用，建议社会各级行政部门营造良好的全民健身氛围，让学生在家庭及学校周围依然可以感受到体育锻炼的重要性。可以定期开展体育健康类的讲座以及宣传工作，社区在假期可以积极组织各种体育活动，如体育文化节、篮球比赛、社区运动会等，可以设置青少年组，鼓励有时间的学生和同伴一起积极参与，塑造良好的社会体育氛围，使学生耳濡目染，明白健康的身体是人生命的基础，使其在潜移默化中将体育锻炼变成生活内容。

6. 优化体育教学环境

在以人为本理念不断融入体育教学的过程中，学校应当本着"以人为本"的要求来建设、完善体育场所，要加大维护力度以优化教学环境、扩大资金渠道以完善基建设施，最终促进学生的全面发展。

首先，优化体育场地等基础设施建设，提高设施维修和护理的频率，让学生有更舒适的锻炼环境。相关调查表明体育基础设施与学生的运动积极性直接挂钩。当前部分学校存在基础设施老化的问题，如篮球场、乒乓球台、足球场等都存在着不同程度上的损坏，甚至存在严重的安全隐患，学校应指定专人管理维修，采取"一周一小检，一月一大修"的模式确保学生运动的安全。若维修资金过大，学校要及时召开会议并在短时间内做好招标及引资工作，树立"学生安全第一、健康第一"的工作心态。

其次，不断完善体育器材供给，满足学生的现实需求，助力学生的全面发展。为了避免学生因体育器材不足而逐渐失去对体育活动、体育锻炼的兴趣，体育教师应时刻关注学生对于体育锻炼的个性化需求，遵循求同存异的原则，及时向上级部门申购新的体育器材设备。同时，教师对每一项体育项目的教学必须以身作则，在为学生做器材设备演示的时候需要强调科学性、安全性，帮助学生更好地掌握使用方法和动作细节。在教学过程中，教师还要向学生传达爱护体育器材的观念，延长器材设备使用寿命。

最后，扩大学校经费投融资渠道，采用多种方式对场地器材进行科学化管理。一些学校由于定位问题的影响，经费不足、投资匮乏，直接影响了学校体育场地的建设以及器材设备的配置，对此，相关部门应加大重视力度，避免教育资源的过度倾斜，应为学校提供具体的优惠政策，鼓励社会群体积极参与到学校的体育教学发展中，坚持政府主导、学校使用、社会受益的原则，采用 BOT（Build-Operate-Transfer，建设－经营－转让）模式推进学校体育场地的建设，通过政府与建设企业或公司签订特许权协议，在学校体育场地建成后由建设方在许可期限内实行经营，保障师生正常教学的同时对外开放以实现经济创收，构建多方共赢、利益最大化的局面，这既是加快学校体育场地建设的可行举措，也是推进全民健身、公共服务体系建设的良好实践措施。

第二节 体育教学技能的提升

一、体育教学技能的释义

（一）教学技能的概念

我国当代著名教育学家顾明远在 1990 年出版的《教育大辞典》中将技能定义为主体在已有知识经验的基础上，经练习形成的执行某种任务的活动方式。

胡淑珍在 2000 年出版的《教学技能》一书中将教学技能定义为通过练习运用一定的知识和经验达成某种教学目标的能力。

湖南文理学院资源环境与旅游学院副院长彭保发在 2011 年出版的《微格教学与教学技能》中写到，教学技能是指在教学过程中，教师运用教学理论、专业知识和经验等，促进学生的学习、实现教学目标的特定教学行为方式，也就是课堂上采用的与教师特定的意图有关的行为。

在时代发展及素质教育的背景下，社会对教师的技能水平提出了更为具体的要求，教师技能的分类也在前期研究的基础上有了一定的创新和发展。

考虑到教师的普遍特征和实际情况以及对教师教学技能的特殊要求，可以将教学技能分为以下几个方面：①教学设计技能；②导入技能；③示范讲解技能；④课堂提问技能；⑤课堂体态语技能；⑥课堂组织与管理技能；⑦课堂教学基本技能（专业技能）；⑧结束技能；⑨说课与评课技能；⑩指导学科课外活动技能。

（二）体育教学技能的定义

体育教学技能是指教师在课堂教学过程中，依据教学理论，运用专业知识及教学经验，促进学生掌握体育方面的基本知识、基本技术、基本技能的一系列教学行为方式。体育教师要想成功地进行教学，不仅需要具备深厚的理论知识和娴熟的动作技术，还必须具备过硬的专业教学技能。从这个意义上讲，体育教学技能就是体育教师职业的核心竞争力。如果一名体育教师不能掌握这些基本的教学技能，就不能胜任体育教学工作，更不可能成为一名真正合格的体育教师。

二、体育教学技能的分类

体育教学技能的分类对于教学技能训练至关重要，只有对体育教学技能进行科学、系统的分类，才能确保体育教学技能训练的目标更为明确、集中、便于掌握，使教学技能评价更有针对性，提高教师的体育教学技能水平。

体育教学技能从狭义上讲就是人们常说的教学基本功；从广义上讲，就是指教学技巧，教师运用已有的知识或经验来完成教学任务的水平和程度。因此，笔者根据现代教育理念，在借鉴众多专家分类的基础上，结合体育教学的特点和要求，按照体育课的基础结构，对体育教学技能进行如下分类。

（一）教学设计技能

所谓的教学设计，就是教师运用系统科学的方法，以学习理论（教学理论）和传播理论为基础，依据相关学科的理论和研究成果，计划或安排教学的全过程（包括教学目标确定、教学活动组织、教学信息传递、教学管理和评价），以期取得最优的教学效果。

体育教师通过教学设计，将对体育课程标准的理解、对具体的教学内容和教学对象的分析等加以整合，做出对教学的整体规划、构想和系统设计，形成一种思路，从而对一系列具体的操作层面的教学事件做出整体安排，形成体现一定教育思想观念、具有可操作性的教学方案。

合理、科学的体育教学设计是保证体育教学质量的必备条件，因此，体育教师掌握好教学设计技能是上好一节体育课的重要前提。

（二）导入技能

课堂教学的过程是一个信息传播的过程，要想使这种传播有效，就必须使传、受双方同时进入传播过程，通过相互作用来实现传播的目的。教师必须通过各种方式激发学生的学习动机，引起他们对信息内容的注意和兴趣，将他们引导到特定的教学方向上。因而，根据这个特定的意图，首先教师必须具有导入技能。

（三）提问技能

教学信息的传播不是单向的、直线的，为了确保教学的目的性，它通过反馈形成了一个循环系统。获得反馈的方法是多种多样的，教师可以通过观察学生的表情、操作等获得反馈，但在课堂上教师使用最多的方法是提问。提问不仅可以达到获得反馈的目的,而且是促进学生巩固知识和运用知识的方法和手段,是课堂教学中贯彻师生互动的最好形式。因此,教师必须掌握提问技能。

(四)口令技能

口令是体育教师所特有的专业性语言,它带有教师命令、威信和意志的信息,使学生做到有令即行,有禁即止。在体育教学中,教师在进行队伍的调动、队列队形的变换等时,都要通过口令来组织教学,口令的使用正确与否会直接影响教学效果的好坏。因此,对一名体育教师来说,对口令技能的掌握尤为重要。

(五)讲解技能

体育课堂教学的信息是多方面的,有体育知识、运动技术概念、技术原理、规则等,要想使学生对它们进行描述、分析、综合并通过抽象概括获得结论,形成正确的运动概念,都要求教师具备讲解技能。

三、体育教学技能提升的过程

体育教学技能提升的过程即体育教学技能训练的过程,它是在体育教学理论的指导下,通过不断练习而逐步形成体育教学技能的系统过程,此过程包括动机激发、目标设计、训练途径和方法。

总的来讲,明晰训练过程有助于练习者理解技能训练的基本原理,确定训练目标,实施训练计划,了解训练的形式、途径和方法。

四、体育教学技能训练的基本原则

体育教学技能训练的基本原则是广大体育教师在长期实践中积累的经验的概括和总结,对体育教学技能训练具有普遍的指导意义。

(一)理论研究与教学实践相结合的原则

理论研究与教学实践相结合的原则是指在体育教学技能训练理论的指导下,紧密结合体育教学实践,有效地进行体育教学技能训练。

体育教学过程是复杂的,课堂上的教学行为也是千变万化的。体育教学技能训练必须理论先行,使学生了解并掌握体育教学技能形成的规律,形成正确的认知。在科学的理论指导下体育教学技能训练才能顺利开展。否则,效率将难以保证,甚至走弯路。理论研究要与教学实践相结合,在教学实践中,教师通过教学设计、课堂教学等具体教学环节能够发现教学中存在的问题,二者结合才能有针对性地改进、强化,从而提高训练效果。

（二）个人训练与团队训练相结合的原则

个人训练与团队训练相结合的原则是指根据体育教学技能训练的实际需要，合理采用个人训练或团队训练的形式，整合个人训练的自主灵活性以及团队训练的竞争意识强等特点，有效提高体育教学技能训练水平。

个人训练主要以个人自主学习、自主训练为主，强调自为、自律、独立训练等。团队训练是指以团队的形式进行体育教学技能训练，强调团队整体的训练及进步。个人训练与团队训练相结合，有利于促进个人及团队整体体育教学技能训练水平的提高。

第三节 体育教学内容简述

一、体育教学内容的概念和划分

（一）体育教学内容的概念

各学者对体育教学内容概念的研究由来已久，都纷纷提出了各自的观点。其中较为典型的观点有以下几种。

①体育教学内容是指在教学环境下，教师教授给学生的体育理论、技能、比赛方法等，是依据学科目标选择出来的，并且是结合学生的发展需求、教学的实际条件加工而成的。

②体育教学内容是对体育理论知识、技能、态度等方面的选取、改造及系统组织。

③体育教学内容是为了达成体育教学目标，经过系统的组织和加工后，在教学环境下，采用身体练习、比赛等形式，教师所实施的众多内容的总称。

笔者通过分析各位学者的研究成果，做出总结：体育教学内容是教学实践过程中不可或缺的实际材料，是根据学科目标、学生身心发展规律、教学实际进行选择、系统组织、加工而成的体育知识、技能、情感等多方面内容的综合。

（二）体育教学内容的划分

在体育教学的内容分类和整理方面，多年来，体育教学大纲的制定者在尝试了许多分类方法后，仍然没有完全解决这个问题。如人民教育出版社的王占春在谈及体育教学内容分类时曾说："多年来，在编订大纲和教材时，都对如何优选体育教学内容、教材如何组合分类进行探讨和实验，但解决得并不十分理想，其中难点较大的是教材分类的问题。"

正确的用语应该是"划分"，并不是"分类"。历年来，多位学者相继对体育教学内容的划分表达了自己的观点，其中，有一种较为成熟、运用也较为广泛的观点：依据人体基本运动能力分类，即将体育教学内容划分成走、跑、跳、投、攀、爬、钻等。还有学者根据运动项目的不同进行分类，将体育教学内容划分为健美操、标枪以及球类运动等。值得我们关注的是，依据体育教学目的分类的方法也屡见不鲜，从不同的目的出发，引领教学内容，从而达成目标。例如，以发展学生基本活动能力、对学生进行养生和防病教育等为目标，设置相应的教学内容。这些观点都不免显得视角单一，为此，有学者提出了将多种分类方法结合起来的综合交叉分类法，就是将运动实践部分的内容同时按运动项目和身体素质两个方面来进行分类。

以上划分方法都具有各自的优缺点，但是或多或少都存在一定的不合理性，都没有充分考虑教学过程中的各种实际情况以及不同年龄段学生的身心特点，正因如此，对体育教学内容的分类至今仍存在很大的争议。

对体育教学内容进行划分，主要是为了使结构复杂的内容得到系统的整理，将其与教学过程中的其他要素融会贯通，这样才能更好地指引一线教师的教学工作。此外，有学者对今后进行体育教学内容的分类研究提出了以下几点要求和建议：①遵照教育、社会发展的总体要求；②分类必须具有逻辑意义；③应将不同年龄阶段区别开来；④强调可操作性，指向教师实践；⑤与教学其他要素紧密相连。

二、体育教学内容的设计

（一）体育教学内容的设计原则

体育教学内容的设计原则是指在设计体育教学内容的过程中遵循的基本要求，对体育教学内容设计具有实践指导意义，须严格落实。

1. 安全性原则

体育课程应树立"健康第一"的指导思想，健康中隐含着对安全的要求，没有安全，何谈健康。体育运动挑战与风险并存，或多或少地会出现意外伤害事故，小自轻微擦伤，大至骨折等。在运动过程中出现伤害事故难以避免，教师要做到的是最大限度地预防和减少体育安全事故，提高学生的安全防范意识，尽量从根源上减少意外发生的同时，教会学生如何预防安全事故。因此，在体育教学内容设计中，教师首先应保障教学内容在实施过程中的安全性，其次，增加体育安全教育在教学内容中所占的比重，以提升学生的安全防范意识。

2. 系统性原则

系统性原则意味着应将体育教学内容作为一个整体展开研究，教学内容内在的逻辑性决定了必须从整体出发对其进行把握，如果打破其内在逻辑结构，随意进行组合，学生只能获取零碎的知识片段，势必会影响到体育教学质量。因此，在体育教学内容的设计过程中，教师必须保障体育教学内容的完整性，兼顾各个要素，而不是顾此失彼。此外，教师应遵循内在的逻辑架构，在设计过程中注重系统性和逻辑性，处理好各要素间的关系，力求达到对体育教学内容的有机整合，体现层次的递进以及各要素的关联。

3. 学生主体性原则

"以学生为本"是教学设计的逻辑起点，因此，进行体育教学内容设计时应确保学生的主体地位。具体来讲，应从以下两个维度贯彻学生主体性原则：其一，在内容具备实用性的基础上，增添趣味性，以适应学生的需要和兴趣；其二，遵循学生的身心发展规律，循序渐进。

4. 可操作性原则

教师需要在教学理论与教学实践之间搭建桥梁，这座桥梁的形成也是教学内容设计的价值所在。体育教学内容设计的最终目标指向教学实践，在一线教师中传播、不断丰富，借此得到改进和发展，提升教学效果，这就决定了各项内容必须具有可操作性。假使设计成果难以付诸实践，设计意义也将不复存在，特别是在教育理念与教育模式不断更新的大背景下，如何将各类指导性文件转化为教学实践，是广大教师需要思考的问题。体育教学内容不是虚无缥缈的，而是实实在在存在于体育教学过程中的，具有动态性和时效性。因此，教师在设计体育教学内容时，应确保教学内容的可操作性，如此才能保证设计的价值。

（二）体育教学内容的设计思路

体育教师应结合区域特点和学生的身心发展规律，以体育基础知识、运动技能、身体素质、体育安全教育、体育文化传承五方面为设计要素，进行体育教学内容设计。同时，根据教学内容的难度、复杂程度，按水平段进行划分，体现教学内容的衔接。在丰富、优化教学内容的基础上创新设计，旨在设计出科学、合理、全面的体育教学内容，充分彰显本地区的办学特色，并为广大一线教师选择教学内容提供参考。具体来讲，可以沿着以下思路对当前体育教学内容进行整改，形成体育教学内容设计的最终成果。

第一，修改，即对不适宜当地实际情况的教学内容进行修改。例如，在西藏这种气压低、氧气稀薄的地区，需要降低体育教学中无氧运动的内容安排比重（尤其是低年级）。以有氧运动为例，低年级的学生心率较快，无氧运动能力较弱，从而难以承担过量负荷，直接频繁地安排50米、100米快速跑不利于学生的身心健康，因此需要对其进行调整，并改变以往枯燥、重复的定时跑、定距跑等，取而代之以多种形式且富有趣味的跑，如借助标志物的T/Z/M字形跑等，不仅可以活动身体、提高速度、灵敏素质，还能够丰富教学内容，提高趣味性，与低年级学生的心理特点相适应。

第二，补充，即对当前教学内容种类的扩充，形成更加完整的体育教学内容结构。一是对运动技能方面种类、内容的扩充，使内容更加丰富的同时严格按照内容的难度和学生的生长规律进行对应。例如，在田径类运动方面，丰富跑、跳、投的形式，对各年级教学内容的安排应根据内容的难度和复杂程度做出调整，并增加走、踢等运动形式；在体操类运动方面，增加技巧类体操和轻器械体操，并在器械类体操中选取各学校教学条件支持的单杠、双杠项目，同时，建议各校在没有跳马、跳箱等跳跃类设备时，自选同类设施代替，进行相应内容的教学；在球类运动方面，在对篮球、足球等教学内容进行复位、丰富后，增加趣味性较强、对场地设施要求相对较低的羽毛球等项目，并设计相应教学内容。二是增加对体育基础知识、安全教育、身体素质、文化传承等方面内容的安排，扩展学习内容的广度，加深学生对体育的感悟。

第三，创新。一是结合当地鲜明的民族特征，对民间传统体育进行整理和挖掘，创新性地选取适宜引入体育教学内容的项目，兼顾传统体育项目，突出地区教学特色。二是为提升学生的基本运动能力，依据学生的身体素质敏感期，设计相应教学内容，使教学内容更加丰富。

第五章　球类运动体育训练与教学实践

球类运动是由专门的技术动作、战术形式、比赛方法和严密的竞赛规则组成的一整套运动语言体系，它可以学习、交流与传授，是世界范围内共有的一种文化现象。本章分为足球运动体育训练与教学实践、篮球运动体育训练与教学实践、排球运动体育训练与教学实践三部分。

第一节　足球运动体育训练与教学实践

一、足球运动训练

（一）足球技术训练

1. 接球技术训练

主要包括：①抛接球训练；②跑动中传接球训练；③3人一组接球转身训练；④对抗中的接停球训练；⑤接控球训练。

2. 踢球技术训练

主要包括：①无球模仿训练；②踢固定球训练；③对墙踢定位球训练；④射大球门训练；⑤各种脚法的两人训练；⑥踢地滚球训练；⑦利用足球墙和标杆做踢旋转球的训练；⑧突然变向后的踢球训练。

3. 运球技术训练

主要包括：①拨球训练；②跑动中运球训练；③拉球训练；④扣拨组合训练；⑤快速转身运球训练；⑥运球过人训练；⑦运球变向训练。

（二）其他训练

1. 整合性神经肌肉训练

整合性神经肌肉训练最初是在国外兴起的一种训练方式，目前在足球运动训练中普遍使用。对于其概念的界定，国内外学者形成了较为统一的观点：整合性神经肌肉训练是一种概念性的训练模式，在操作定义上为补充训练计划，是指一般的功能性动作训练和特定的力量、平衡性、速度、灵敏性以及超等长训练等训练内容相结合的综合性身体训练。也就是说，整合性神经肌肉训练是基础体能训练的补充，在发展足球运动员力量、平衡性、速度等基础身体素质的同时加入功能性训练动作，从平衡性、协调性、稳定性及核心区等多方面来加强神经与肌肉之间的联系，是足球运动训练中综合性的体能训练方式，对足球运动员掌握基础动作知识、改善运动力学、提高他们对自身身体素质的信心发挥着重要作用。

在整合性神经肌肉训练计划中，融合了多种训练方式的综合效应，通过联合训练刺激，可以对足球运动员的神经肌肉控制、动态稳定性等能力产生积极的影响。神经肌肉的控制取决于运动感觉系统的功能，这个复杂的系统包括传入神经与传出神经系统信号，以及与维持动态关节稳定性有关的中央集成和处理组件。整合性神经肌肉训练与运动感觉系统之间的关系如图 5-1 所示。

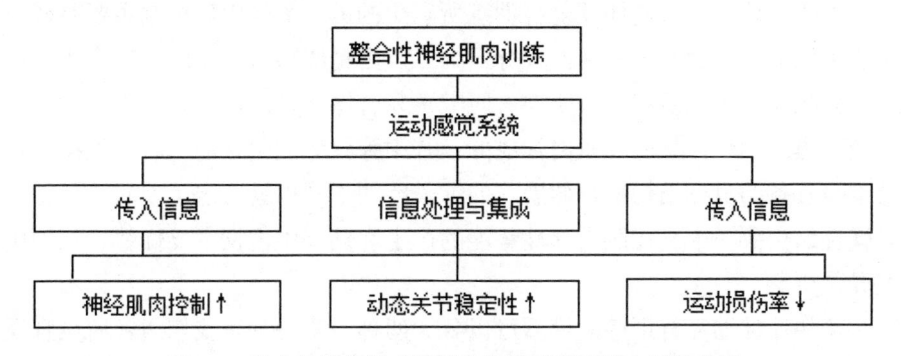

图 5-1 整合性神经肌肉训练与运动感觉系统之间的关系

在足球运动过程中，关节的动态稳定性取决于反馈和前馈的神经肌肉控制系统。前馈控制系统被视为保持动态稳定性的最重要因素，相反，反馈控制系统是通过连续的传入信息，提供反射性的肌肉反应，对于在可预测的动作中保持姿势与稳定发挥着重要作用。有研究表明，通过整合性神经肌肉训练，可以有效训练前馈控制系统，从而提升神经系统兴奋性和优化肌肉反应过程，提高姿势的控制能力。

整合性神经肌肉训练可以通过核心力量训练和深层小肌肉群训练来弥补足球运动员动力链中的薄弱环节，使得力量通过身体动力链的有效整合使传递过程更加流畅，降低在传递过程中的损耗以及提高力量的使用效率，同时提高骨盆、脊柱等部位的稳定性，提高大脑快速识别肢体空间位置的能力，加快动作反应的激活过程，从而减少足球运动中运动损伤的发生。

综上所述，整合性神经肌肉训练通过集合多种训练的联合刺激可以对运动感觉系统施加影响，使神经和肌肉系统在功能和形态上产生适应，优化肌群之间的协调，从而达到提升足球运动表现和降低运动损伤的效果。

2. 快速伸缩复合训练

关于快速伸缩复合训练的定义有许多见解说法，但总的来说被大多数人认可的是其在最短的时间内释放出最大的力量，是一种速度和力量的结合，也就是爆发力。通常来说，以跳为基础进行整合的跳跃、跳深等训练方式被认为可以有效提高足球运动员的下肢爆发力量，究其原因是足球运动员在训练过程中将训练的重点放在双腿肌肉收缩速度的练习上，此训练要求足球队员在脚落地时迅速反弹起跳，在肌肉拉长收缩的同时增大肌肉的张力，这种练习的动作方式是与快速伸缩复合训练的生理机制相吻合的。

相关研究认为，快速伸缩复合训练所利用的最重要的生理机制主要有两点：第一点是肌肉所包含的串联弹性成分，第二点则是能够引发肌肉产生牵张反射现象的本体感受器——肌梭。"肌肉－肌腱－复合体"是由串联弹性结构以及并联弹性结构组成的弹性势能和肌肉构成的，其中弹性势能包含的二者可根据足球运动员本身具备的身体结构进行伸展，伸展长度的不同也就决定了串联弹性结构和并联弹性结构哪一个会在肌肉弹性势能的产生和储存中占据主要优势，从而由其起主导作用。

关于快速伸缩复合训练的模型可以分为两种：第一种是我们通常所见且属于自然反射的牵张反射，它是神经和肌肉相互作用时产生的力；第二种则是可以使肌肉在最短的时间内发挥最大力量的拉长缩短周期，它的原理是通过串联弹性结构经伸展后所存储的能量以及利用牵张反射能力来促进肌纤维募集。

在快速伸缩复合训练中，肌肉牵拉过长会影响肌肉的收缩力，但是如果肌肉的牵拉达不到适宜的长度，则训练效果不明显。因此，适宜的肌肉牵拉长度和速度是影响运动员快速伸缩复合训练效果的主要因素。

相关研究发现，当提高肌肉的收缩力量时，肌肉拉长收缩时期的牵张反射可以非常简单地通过招募更多的运动单位来参与随后的缩短收缩,以此增强肌肉的爆发力量。

综上所述,快速伸缩复合训练使肌肉产生更快更强的收缩的因素主要有三个:第一个是肌肉在进行收缩前的初始长度;第二个是肌肉弹性成分所起到的作用;第三个是肌肉本体感受器受到负荷作用所引起的牵张反射。进一步来说,足球运动员进行快速伸缩复合训练有效提高力量和速度的生理机制是利用肌肉本体感受器的牵张反射和肌肉结缔组织的弹性成分将弹性势能先储存再释放。

3. 多方向移动训练

国内专家指出,多方向移动训练是指通过各种形式的移动以及规定图形练习,调整不同身体姿态下的快速移动能力,增强足球运动员不同角度发力的能力的一种训练方法。它是身体功能性训练的重要一环,将速度与方向进行结合并模仿比赛的情景来进行练习。训练移动方向一般分为纵向(向前或向后)、侧向(左右)、多方向(旋转)。按英文字母形状进行的多方向移动训练,以短距离、多方向的速度灵敏训练为主要训练内容。国外学者认为,多方向移动训练是根据训练需要通过加速跑、变向、减速和起跳等动作随机地进行动作应变和转换的方法,并将几个不同的训练任务有机地串联起来后形成整体化的训练任务的一种训练方法。

国内外学者对多方向移动训练的相关定义还不够明晰,但笔者通过整理文献从中总结出了几个相同要素:①训练需要有随机性信号干预(视觉或听觉);②位移角度、方向和速度是变化的;③需要结合具体运动专项特点进行训练;④训练形式和内容是可调整的。综上所述,可以将多方向移动训练定义为:根据专项运动的需求,借助各种辅助训练器材,在响应信号刺激下进行各种定向及非定向的规定图形移动练习,从而提高移动能力的训练方法。

多方向移动训练在早期根据足球运动员的身体活动平面进行动作模式划分,并对各个动作模式进行了优化,提高了位移动作质量,为复杂动作技能的学习打下了坚实基础。训练中后期,通过定向和非定向的移动训练整合了各种位移技能,并达到了自动化程度。动作衔接熟练度越高,位移动作就越准确,为灵敏素质的提高做好了动作技能储备。基于多角度和多部位的练习使足球运动员能够体会到不同部位的发力感觉,从而使大腿、小腿、脚掌、脚趾的肌力得到均衡发展;下肢力量增强,速度提高,使一般灵敏素质得到发展。通过响应刺激信号的移动练习,建立更多神经暂时性联系,提高了神经系统对肌肉的支配能力,反应灵敏度得到提高。定向带球训练培养了足球运动员的球感,非定向带球训练提高了足球运动员在带球过程中的观察决策能力,从而提升了其专项灵敏素质。多方向移动训练中开放性的体育游戏有效降低了训练枯燥感,提高了足球运动员的训练积极性,减少了灵敏素质发展滞缓的现象。

二、足球教学实践

(一)校园足球活动的现状

校园足球活动是一项涉及广泛的学校体育活动,包括校园足球政策、校园足球文化、足球课堂教学、足球运动队的训练等,因此学生参与足球项目的形式也多种多样。笔者通过对最先有计划开展校园足球活动的44个城市进行研究,发现校园足球活动在学校很受学生欢迎。为了提高校园足球活动开展的积极性,各个城市加快建立足球联赛,扩大了校园足球活动的影响力。但是在校园足球活动开展的过程中还存在着相当多的问题,如部分学校校长与家长存在认知偏差、具体投入校园足球活动的资金有限、校园足球活动开展相关要求落实不到位、教练员自身素质相对较差。此外,笔者通过对上海市部分校园足球活动开展的情况进行深入研究,也发现了诸多问题,如足球校本课程在创建与使用过程中的效果并不理想,校园足球活动在开展过程中缺少时代内涵;校园足球活动开展的主要形式为足球队与兴趣班,并以多媒体教学、视频展示为重要手段,学生参与课外足球锻炼的机会不多;部分学校将大部分资源集中在了足球校队的训练上;众多学校开始重视校园足球竞赛工作,但一些学校不考虑实际情况而急于取得良好校园足球活动开展效果的情况也较为严重。

从校园足球活动开展以来,我国的足球运动在校园中得到了前所未有的发展。部分地区为了推动校园足球活动的进一步发展,提出了更加具有建设意义的意见。针对校园足球活动的研究大部分是从校园足球活动开展的师资、场地器材、学校足球队伍建设、活动开展经费、足球教学情况、学校领导及家长意见等角度展开的。虽然各个地区的政治、经济、文化情况不同,但常见的问题还是普遍存在的,这也是校园足球活动在各个学校快速发展所必须面对与解决的重要问题。

(二)足球教学现状

杨宏萍在《当前高校足球教学现状及对策探析》中谈到,足球教学所采用的传统教学大纲在设计安排上不合理。简单的技术顺序划分导致了教学模式的特殊机械化,并且往往是根据大纲来安排课程。有些技能甚至被作为期末考试项目,学生被动学习只是为了完成期末考试,失去了传统教学大纲最初的教学目的。

李尚胥教授在《高校足球教学的现状分析与创新之路》中说，传统的足球教学没有从学生的实际要求出发，只是针对教学内容展开了简单而僵化的教学，这样就很难培养学生的学习主动性与兴趣，对教学效果有负面影响。在教学内容上，过分强调理论知识教育，缺乏实践能力的训练，影响了学生对足球技能和战术的理解和掌握。大多数教师仍然注重传统的教学观念，这在一定程度上影响了足球教学的创新，制约了足球运动的良性发展。

郑斌在《新形势下高校足球教学现状及对策分析》中指出，在新形势下，足球教学理念需要整合健康理念，不断改革创新。唯有如此，才能在学校足球教学改革和发展的路途上，培养出更多适应新时代要求的优秀人才。

殷君楚在《高校足球教学大学生兴趣培养的思考》中指出，随着校园足球运动的发展，学校足球教学也在不断改革，但目前的教学仍然存在一些问题，如教学目标表面化、教学模式落后、学生对足球兴趣不高等。要想改变足球教学的现状，体育教师需要改变传统的教学观念，以达到提高学生足球学习兴趣的教学目标。

相关调查表明，现阶段我国大多数学校的足球教学还是以传统教学为主。虽然不断有学者提出现有的体育教学模式必须创新，但创新是一个宏观且笼统的概念，具体到细节处应如何进行创新，却很少有人给出确切的方法。

（三）足球教学模式

1. 翻转课堂教学模式

翻转课堂教学模式的实现和学习者的学习能力息息相关。上课前掌握上课内容是翻转课堂教学模式成功的前提。只有在学生在课前完成教师规定任务的前提下，翻转课堂教学模式才能在课中和课后进行。倘若学生的学习能力不强，上课前不能按时、按量完成教师布置的任务，教学效果将会大大降低。所以，在课堂教学中，教师应该培养学生的主动学习能力与意识。

从教师的视角出发，翻转课堂教学模式的应用要求教师在课前收集学习视频，在课上引导学生完成小组作业，在课后和学生互动，收集学生的作业并进行批改。与传统的教学方法相比，翻转课堂教学模式会给教师带来更大的压力。同时，教材的整理、收集和教学过程的设计对教师的信息技术素养和教学能力提出了更高的要求。因此，如果未来采用翻转课堂教学模式，学校有必要对教师开展相关技术的培训，形成较为完备的信息化教育环境，增强教师的信息化教学能力。

翻转课堂教学模式应针对学校教学大纲、足球教学目标、不同阶段学生的特征以及学生对足球技能的掌握情况进行设计。这只是针对足球课程的教学设计，在设计其他体育项目课程的教学时，应根据项目的特点、教学方法以及课程的难度等，做出不同的调整。翻转课堂教学模式在学校足球教学的实践和研究过程中取得了相对较好的效果。所以，从教学实践应用的角度来看，可适当进行翻转课堂教学模式的推广，并且可以将其逐步扩大应用到学校其他体育项目中。

2. 小群体教学模式

小群体教学模式是指教师协调学生组成小的学习群体，充分发挥教学过程中学生学习的自主性，展现学生的课堂主体地位，激发学生主动地、创造性地学习。该模式采用异质分组的方式，保证小组成员纵向横向联系密切，明确小组成员职责，突出小组长的领导核心功能。可以说，小群体教学模式是采用学生互助合作、协同交流的方式，提升学生的学习兴趣进而完成教学目标的一种培养模式，它是一种教学循环体系，生生、师生活动交流频繁，学生学习锻炼主动积极，对课堂氛围、学习效果有极佳的促进作用。小群体教学模式的基本操作范式为，班级采取异质分组的方式，每组人数控制在 6～8 人，组内人员各异、各司其职，形成以小组长为核心的学习形式，教师把控教学过程，根据教学内容安排学生自主进行组内合作、组间互动和小组竞赛交流。

教师应准确把握小群体教学模式的组内、组间、整体的教、评过程和流程。课堂应具备"形"散"神"不散的效果。讲究"放"学生自主探究讨论，"放"学生个性发展，但要"控"课堂走向，"控"课堂秩序，在营造一种轻松自由的课堂氛围的同时又要使课堂环境井然有序。

教学分组上应采取异质分组的方式，组内人员能力、性格各异，做到效果互补，着重培养小组长和体育骨干的教学管理能力，以便其更好地协助教师开展教学工作。

教学内容上应设计上肢、柔韧、腰腹等核心力量的专门化练习，以弥补在足球教学、足球小组竞赛过程中难以发展到的身体机能。

小组足球竞赛应为女生设置特定规则，降低女生的比赛参与难度，以此调动女生参加比赛的积极性，使其更好地融入足球比赛，进而提升女生的运动量（特定规则包括控球不允许抢截、可用手轻微推拉、进一球得两分等）。

足球课程考核上应关注体育弱势学生，注重对学生学习过程的评价，弱化结果性评价，转变"一考定终身"的观念，在进行足球技术测试时应在单项技术测试上增加对学生比赛态度、比赛能力的评价。

（四）足球教学实践建议

1. 细化人才培养目标，突出地域特色

培养目标是培养方案的核心，是足球人才培养的总要求，规定着人才培养的质量与规格，不仅是教师教育教学工作的出发点，也是学生身心综合素质发展的归宿。目前一些学校的足球人才培养目标呈现出趋同化特征，缺乏学校自身的特色。因此，学校在制定培养目标时，应体现本地区的区域特色，结合本地区足球事业发展现状，根据社会足球、校园足球的需求，培养符合行业需求的足球应用型人才。在足球人才培养价值取向上，要始终坚持学生全面发展的价值观念，不能将学生的足球竞技水平作为唯一的评价标准，在考核足球人才培养效果时，要以全面发展和培养学生的综合素质为主要依据，遵循足球人才培养的初衷和使命。体教融合政策的提出对足球教学实践的改革具有重要的推动作用，从注重竞技水平转变为注重体育与教育的深度融合发展，突出全面发展、提高综合素质的教育价值取向，符合足球人才终身发展的成才理念，因此学校在足球教学中应更新人才培养目标，突出区域特色；始终坚持人才培养全面发展、提高足球人才综合素质的价值取向，契合体教融合的发展理念。

2. 完善课程体系建设，均衡设置课程结构

课程体系是人才培养的载体，课程设置的合理性、授课质量、实施效果都会直接影响人才培养的质量。在足球人才培养的过程中，基础课程是文化教育的核心部分，学校作为科学研究和创新的主体，促进学生文化知识学习质量的提升，对普及足球运动、传播足球文化、推进足球相关科学研究具有重要意义。实践课程的安排应在一定的运动周期和比赛周期中进行，合理安排实践课程时间，提高实践课程授课质量，能够有效促进学生将足球相关理论应用到实践训练中。在人才培养过程中，理论文化学习和实践技能学习协同发展是体教融合发展的必然要求。学校应通过均衡设置课程学分，促进理论与实践相结合，进而实现足球学院人才培养的全面性。

3. 统筹资源，健全教学－训练－竞赛体系

对学校体育教学－训练－竞赛体系的建立和完善是体教融合的重点工作，在实践中应形成一个完整的闭环，全方位促进足球人才的培养。教学－训练－竞赛体系能够对足球人才进行全方位、立体化的培养，通过体育竞赛巩固其已有的知识技能、提高综合素质。学校应开展丰富的校内竞赛，提高学生的参与度，保障全体学生综合素质的全面提高，同时校内竞赛又是选拔校队成员的基础。

相关文件指出，学校要开展丰富多彩、形式多样的课余训练、竞赛活动，扩大校内、校际体育比赛覆盖面和学生参与度。因此，学校应统筹各项资源，开展不同形式、不同规模的校内足球竞赛，使学生通过竞赛提高自身技能、增进同伴交流。学校应进一步健全教学－训练－竞赛体系，使人才培养趋向系统化，形成全方位、立体化的人才培养模式，以满足足球教练员、裁判员等社会职业的多元需求和学生的就业需求。

4. 配齐配足保障体系资源

体育场地设施建设是学校体育工作顺利开展的基本保障，是人才培养的物质基础。学校应加强基础设施建设，为足球人才培养提供物质保障。此外，足球教学在未来发展中需要融合技术型和学术型师资共同促进人才培养，因此，需要加强学术型师资的引进，巩固技术型师资力量，建设高学历、高技能的师资队伍。

第二节　篮球运动体育训练与教学实践

一、篮球运动训练

（一）篮球技术训练

1. 运球训练

运球训练主要包括以下几个方面的练习内容。

第一，原地运球练习，要求学生每人一球，呈体操队形，进行各种练习。

第二，行进间运球练习，主要包括：①直线高速运球练习。学生分三组或四组站在端线外，每组一球，同时向对面端线运球，返回时换另一手运球，然后交给下一位学生。为增加练球趣味，此练习可结合分组竞赛进行。②绕障碍物或弧线运球练习。可以两组同时开始做绕球场的三个圆圈练习；也可以单组进行交换练习；亦可绕罚球区中线的圆圈后到另一罚球区圆圈时用另一手做运球练习等。③运球转身或背后运球练习。运球到障碍物时，做后转身运球一次或背后运球一次，再换手继续向另一障碍物运球。

2. 传接球训练

传接球训练主要包括以下几个方面的练习内容。

第一，原地传接球练习，要求两人一组面对面站立，相距 5 米左右，做各种传接球练习，也可以做对抢练习。

第二，移动传接球练习，主要包括：①两人一组一球练习；②迎面跑动传接球练习；③横向移动传接球练习；④两人全场跑动传接球练习；⑤三角传接球练习；⑥四角弧线跑动传接球练习；⑦全场弧线侧身跑传接球练习；⑧全场三人"8"字形围绕传接球练习；⑨三人直线传接球练习。

第三，在有防守的情况下做传接球练习，主要包括：①一防二传接球练习；②二防三传接球练习。

3. 投篮训练

投篮训练主要包括以下几个方面的练习内容。

第一，原地投篮练习，主要包括：①徒手模仿练习；②正面定位投篮练习；③不同距离、角度的投篮练习。

第二，行进间投篮练习，要求用低（高）手投篮的动作方法，步法要正确。

第三，行进间传接球投篮练习，要求两人一组一球，全场传接球投篮。

第四，移动投篮练习，主要包括：①两点移动投篮练习；②跑动接球投篮练习；③"V"字形移动接球投篮练习。

第五，跳起投篮练习，要求学生在罚球线两侧站成两路纵队，每人一球，依次投篮，投篮后自抢篮板球站到另一队的排尾。

4. 持球突破训练

持球突破训练主要包括：①原地各种步法的徒手练习；②完整动作的练习；③摆脱接球后的突破练习；④各种位置上的一对一练习；⑤二对二攻守练习；⑥半场三对三的练习。

5. 防守训练

防守训练主要包括：①选择防守位置练习；②防守摆脱接球和空切练习；③防守横切练习；④防守纵切、横切练习；⑤防内线练习；⑥半场一对一攻防练习；⑦全场一对一攻守练习；⑧半场三对三练习。

（二）其他训练

1. 稳定性训练

传统训练主要针对篮球运动员的身体大肌肉群，特别是四肢以及躯干部分的肌肉群，利用器械练习使肌肉增粗增强，在这种情况下，肌肉往往可以产生更大的收缩力量，在运动过程中获得更好的运动表现。近年来，以身体深层稳定肌群为训练目标肌群的稳定性训练被人们重视起来，稳定肌群往往位于人体的深层，这些肌群可以更好地维持人体核心稳定性，保证在篮球运动过程中动作的完成程度。

稳定性训练对传统的阻力练习进行了改进，以强调核心稳定性，包括在不稳定表面上进行练习，多采用站姿和蹲姿进行练习，用自重而不是器械进行练习，以及单方面而不是双边地进行练习。研究表明，核心稳定性运动的处方设计应根据训练阶段和运动员的健康状况而有所不同。在比赛前，在稳定表面上进行的自由重量练习被推荐用于增加核心力量。以这种方式进行的自由重量练习是符合运动相关技能的核心稳定性要求的。相反，在季后赛中，瑞士球练习涉及等长肌肉动作、小负荷和较长的紧张时间时建议增加核心耐力。此外，平衡板和稳定盘练习，配合多重测量练习，有利于提高篮球运动员的本体感受和反应能力，减少下肢损伤的可能性。

大多数的稳定性训练旨在增强人体的平衡性，提高身体深层稳定肌群的激活程度来保持身体稳定性。核心肌肉力量是几项运动（如田径、攀岩、足球）和日常活动（如坐、站、直立行走）的重要先决条件。在功能上，核心可以被认为是一个运动环节，用于促进力矩和角动量在下肢和上肢之间的传递，这对于特定运动是至关重要的。

首先，稳定性训练能够显著提高篮球运动员扭伤后踝关节跖背屈角度和关节活动幅度，对扭伤踝关节周围的肌肉韧带组织起到很好的康复作用。其次，稳定性训练能够显著提高篮球运动员扭伤后踝关节的肌力和肌耐力，扭伤后踝关节肌适能提升能够保护踝关节再次遭受伤害，而且该训练可以提高篮球运动员膝关节的耐力和扭伤后踝关节本体感觉，本体感觉的提高有利于增强人体对踝关节位置、发力的认知，减小踝关节损伤的发生率。

2. 重球训练

男子篮球比赛标准用球是 7 号球，重量在 600 克左右，一般重量大于 567 克且小于 650 克，球的周长大于 74.9 厘米且小于 78 厘米。加重篮球（以下简称"重球"）是一种形状大小与标准篮球相同，重量却比标准篮球大的器材。起初的重球，只是一种实心的球体，多采用橡胶和硬塑料的材质，球体里填充了沙子，外形与篮球相似，重量却比篮球更重。最初的重球不具有弹性，不能进行篮球相关技术的训练，而通常被用作篮球专项力量的练习和基本的球操练习，仅仅是一种进行力量练习的辅助器材，存在着一定的局限性。随着科技的发展和辅助训练器材的流行，如今的重球在各方面都得到了改进，材质变为PU或橡胶。现代的重球和标准篮球一样具有弹性，练习者可以使用重球进行运球、投篮以及各种力量练习。重球被广泛应用到各训练队的日常训练中，也被应用在健身领域之中。

重球训练是借助重球这一辅助器材，充分发挥其功能，对练习者的篮球技术、身体素质进行训练的方法。重球训练可以把篮球技术训练与力量训练高效结合，进而在训练中增强专项力量的效果。与标准的篮球技术训练相比，重球训练的强度更大，对篮球投篮、运球的动作结构的动力定型有比较显著的效果，因此有利于练习者专项力量水平的提高，能够满足教学与训练目标的要求；相比于传统的力量训练，重球训练能够把提升的力量运用到篮球技术中，增强练习者的专项力量，解决力量不足、投篮稳定性差、命中率低的问题。

首先，重球训练对弱侧手原地运球能力的提高具有明显效果，教师在篮球教学中可以采用重球训练增强学生弱侧手的指腕力量，从而提高学生的运球能力，使学生体会到两侧手共同发展的重要性。其次，重球训练可以大幅度提高学生的篮球运球技术。因此，学校应该完善教学训练辅助器材，摆脱传统教学训练器材的束缚，在进行运球技术训练时提高重球的使用频率，并把创新辅助器材的思想应用到其他项目的训练中。最后，重球训练还可以提高运球技术动作的规范性，可以把适用于新手入门训练的1千克重球广泛运用于篮球课中，增强学生对篮球的控制能力，规范学生运球时的身体姿态，提高运球技术。

3.单腿复合式训练

单腿复合式训练是一种在单腿模式下进行复合式训练的训练手段。单腿训练是一种双腿分开进行训练的训练模式，常见的单腿训练模式有弓步蹲、分腿蹲和单腿跳。复合式训练是将传统的抗阻训练和快速伸缩复合训练安排在同一节训练课中用来发展爆发力的训练手段。此外，还可以将单腿复合式训练定义为在单腿模式下先进行抗阻训练，然后进行与抗阻训练动作模式类似的快速伸缩复合训练的一种训练手段。例如，在完成保加利亚蹲的训练之后，进行单腿的跳深练习，就属于单腿复合式训练。在国内，关于单腿复合式训练的研究相对较少。相关研究较少的原因不是国内的专家学者没有意识到单腿复合式训练的重要性，而是国内的高水平教练员、运动员已经把单腿复合式训练运用到诸多领域，但都是以一些补充训练的方式进行的，没有进行深入具体的研究。综上所述，单腿复合式训练是复合式训练中的一种以单腿训练模式进行的训练手段，其目的是更好地提升训练效果。单腿复合式训练能够提高篮球运动员的下肢爆发力，且相比于常规的力量训练，发展下肢爆发力更有效。

因为单腿复合式训练是在单腿模式下进行复合式训练的一种训练手段，所以这种训练手段的主要研究内容应围绕单腿动作模式展开。对单腿力量训练的研究表明，单腿力量训练可以通过较小的总负重强化实现对目标肌群的有效训练，这种训练方式可以促进专项化的发展。例如，一个篮球运动员为了增强下肢力量而使用100千克的杠铃进行深蹲训练，而相对的，单腿训练模式可能只需要40～50千克的负重分腿蹲就可以对下肢产生同样的刺激。此外，有学者在单、双腿两种训练方法表面肌电的研究中提出单腿的力量更加具有专项性，尤其对于篮球运动项目。

相关研究表明，许多运动技能是通过在单腿或部分单腿支撑时吸收或产生力来完成的，在篮球运动中，篮球运动员进行三步上篮和足球运动员进行射门有着相似的运动模式。当人体的重心从支撑腿转移到摆动腿时，主要通过臀部和膝盖的伸肌以及臀部外展肌、内收肌和内外旋转肌产生力。髋关节外展和外旋发生时，支撑腿随着髋关节和膝关节的伸展产生向前的驱动力，以增加髋关节和膝关节伸展时的扭矩，从而完成这些技能。在单次支撑摆动运动结束时，髋外展肌和外旋肌肉偏心收缩，以控制和抵抗身体的惯性力。从单腿支撑和双腿支撑的力学角度分析腿部受力的变化，在篮球运动中有着频繁的单腿发力进行快速启动的过程，这些迅速启动的动作主要需要单腿力量的支持。行进间变向运球、三步上篮等技术都有着单腿支撑的过程。许多运动都要求运动员具有良好的启动爆发力，这要求向前、向后和横向瞬时加速和减速。

关于单腿训练过程中主要发力肌肉以及肌肉募集程度的研究，国外相关学者通过对分腿蹲和深蹲两个动作模式进行表面肌电研究，发现臀中肌的激活程度较高。国内相关学者也表明单腿训练相比较于双腿训练，拥有类似的肌肉募集程度，且臀中肌的激活程度相较于双腿训练更高。单腿训练过程中下肢的稳定至关重要，需要更多的髋关节外展肌（臀中肌、臀小肌和阔筋膜张肌）的补充，在进行单腿训练时腘绳肌以及股四头肌也会发生一些适应性的神经变化。有学者通过对三种不同的单腿训练方法(保加利亚分腿蹲、单腿深蹲和抬高式分腿蹲)进行肌电测量，得出这三种不同的方法对大腿前侧肌群以及臀大肌的肌电反应无显著差异，单腿深蹲对臀中肌的刺激最大，抬高式分腿蹲对大腿后侧腘绳肌的刺激最明显。还有学者在对单腿罗马尼亚硬拉这个动作进行动力链分析时，发现其对腓肠肌、三头肌和臀中肌等相关肌群的激活程度很高，单腿硬拉比双腿硬拉更具有功能性。江苏省体育科学研究所的科研人员霍兴华通过表面肌电对运动员在单腿和双腿两种不同模式下起跳的肌肉用力的特征进行测试分析，发现在相同的负荷下，单腿纵跳对肌肉的刺激明显好于双腿纵跳，同时也指出了肌肉的放电顺序和激活程度以及在单腿起跳的测试中比目鱼肌的激活程度相比双腿更加明显。结合以上专家学者的观点，可以得出在使用单腿进行运动或训练的过程中，单腿不稳定状态下的运动相比较于双腿稳定状态下的运动，稳定肌群的参与程度以及激活程度会更高。

关于单双腿训练的生理指标研究，国外学者通过对比完成深蹲和保加利亚分腿蹲之后的血清睾酮变化值，发现单腿的保加利亚分腿蹲组相比较于双腿的深蹲组，血清睾酮值有所提高，但无显著性的差异。从生理因素上分析，单腿训练可以降低人体总负重而增加对目标肌群的负重，且一些生化指标也与双腿的大负荷训练类似或有所提升。目前人们还没有明确这种机制产生的原因，但是诸多专家学者认为是在双腿训练的过程中神经活动程度受到了一定的限制，从而无法产生最大力量，这就是所谓的双侧不足，即双腿同时收缩的力量小于每条腿分别收缩的力量之和。

4. 加压训练

加压训练又称"血流限制训练"，这种训练方式与其他训练方式的不同之处是在原有的基础上增加加压设备来进行训练，使用了加压设备以后可以限制血液的流动，并且通过这种方式来模拟肌肉供血不足的状态。这种训练方式从提出到今天已经经过了几十年的发展，并且对应的设备也在持续完善。这种训练方式一方面满足了大众的需要，另一方面在康复治疗领域大展身手，使用这种训练方式的国家包括德国、意大利以及美国等。

加压训练采用专用设备对受试的篮球运动员发力肢体进行加压，使受试者肢体远端血流受限。此时，训练是与某种形式的运动如步行、蹬踏、阻力运动等配合进行的。在训练过程中，必须控制施加的压力。对受试者肢体施加的压力不得小于 50 毫米汞柱，压力太小不能达到力量训练的目的，压力太大则不能进行实验，即使是受试者也有受到身体伤害的危险。因此，需要注意的是施压的目的不是阻断受试者的血流，而是抑制和减少血流。

在训练强度方面，实验中无论采用何种训练形式，训练强度可根据实验需要适当调整，但训练强度与获得效果不成正比，因此训练压力状态下强度不宜过高，否则会增加身体受伤的风险。为了保证训练效果，受试者需要足够的时间进食和休息，两次训练的间隔时间至少为 4 小时。为了使实验数据更加可靠、实验结果更加准确科学，实验周期应为 2～3 周，甚至更长。在受试者的选择上，最好选择有训练经验的成年人，有血管病的人不应进行压力训练。

二、篮球教学实践

（一）篮球教学实践概念

篮球教学是按照课程计划和新课程标准进行的，是有目的和有组织的教育过程，由教师和学生共同参与，其任务是向学生传授体育知识、技术与技能，培养其道德、意志、品质等，是面向全校学生的一门专项体育课程。设立该项课程的主要目的是更好地帮助学生达成强健体魄，增强体质，进而实现全面发展的教学目标。该课程以培养学生的运动兴趣、引导学生参加体育活动为主要出发点，不过分强调专业技能。

（二）篮球教学实践现状

在决策层面，体育教育一直以来都受到多方关注，相关的研究工作也在全面开展。中国知网的数据显示，有关篮球教学的科研成果较为丰富，这主要是由于在我国的教育机构中，篮球一直以来是最受师生青睐的体育课程之一，所以篮球课程在我国体育教学中的占比很高。但是，篮球教育在火热之余也出现了种种问题，对教学工作提出了不小的挑战。例如，在一堂两节连排的大学体育课程中，学生能够获得的运动时间十分充足，一般而言都能够达到 90 分钟甚至更长时间。但是问题在于，学生的体能、专注度难以维持这么长时间，导致学生身体疲劳和心理逆反的现象较为严重，这一现象尤其在女同学中最为常见。

通常来讲，体育课上对专项运动的教学工作，首先应由教师进行基础知识的讲解和演示，之后才允许学生练习或自由活动。而对于教师的教学环节，学生可能在以前就已经接触过相关内容，往往容易产生厌倦感，进而导致抵触心理的产生。为此，许多专家走进校园，展开教学实践，并结合理论知识，为提高体育课堂中篮球的教学提出优化方案。

在教学方法方面，有学者通过研究发现，合作学习的模式能够有效改善现有的教学质量，可以充分满足学生社交的需求，让学生在轻松愉快的氛围下学习，从而有助于学生消除厌倦、疲倦等抵触情绪，帮助学生建立合作关系，提高学生的综合能力。此外，还有研究显示，在课堂中采用领会式教学法能够极大地提高学生的学习兴趣和对专业技能教学的接受程度。还有学者发现异步教学法能够提升学生在体育课中的参与感，对于减轻学生的焦虑心理作用显著，也提高了篮球课堂的教学氛围。可以说，合理的教学方法一定是同对应的教学目标相吻合的。在教学资源极大提高的当下，更要注重教学的全过程。

结合上述研究成果，可以将现阶段关于篮球教学的成果进行如下概括：第一，现阶段在课堂中存在明显的教学方法单一化的问题；第二，教学成果的评价体系需要进一步优化；第三，学生对篮球感兴趣，但对篮球练习的兴趣不高；第四，学生间个体差异的问题难以解决。

对此，研究人员也给出了相关的建议和措施：第一，给予篮球课堂足够的重视程度，率先落实基础设施的完善和优化；第二，教学大纲的制订要讲求符合实际，切忌假大空，应当给予教师团队必要的培训和学习；第三，改革现有的教学考核方法。推动篮球教学工作的全面改革，篮球课堂必定得到质的改善，并会随着广大一线教师的创新变得更加丰富和全面。

（三）篮球教学实践建议

1. 定期培训，设立奖励评比机制

学校应当加强对教师教学能力的培训，定期组织教师进行教学会议探讨，开展教师教学竞赛，设立奖励评比机制，提高教师教学的积极性。教师是教学的实施者，只有调动篮球教师的教学积极性，才能让学生更多地参与到教学中，提高其对篮球教学的认识，从而更好地在学校发展篮球教学。

2. 合理安排教学形式

学生对教学的需求与教师的供给存在一定的差异，篮球教师应当充分了解学生的需求，在结合篮球教学需要的基础上安排篮球教学的形式。学生是课堂教学的主体，教师需要迎合学生对篮球课程的兴趣，安排合理的教学形式，使课堂教学更加符合学生的兴趣，激发学生对篮球学习的积极性，从而提高学生的课堂学习效率。

3. 优化教学环境

首先，学校应完善教学设施。各学校应根据体育篮球课程开展的要求和课内外一体化发展的目标，建设能够满足学生运动需求的篮球场地设施。例如，以学生参与篮球运动的人均数量比为基础，计算所需的场地、器材数量，在现有场地器材的基础上，加强资金投入，补齐所缺的篮球体育器材，满足篮球教学开展的需要和学生课外篮球活动的需求。

其次，学校应优化教学环境。学校应为教师及学生提供一个能够满足教学需求的篮球运动场地，以营造良好的教学环境及学习氛围。这样不仅能够激发学生的运动兴趣，而且能满足其多样化的运动需求，改善教学环境枯燥、场地设施陈旧等境况，让学生在运动、学习的过程中，充分激发自身潜能，表现自我，同时享受运动的乐趣。

4. 完善教学评价体系

科学、客观的教学评价，不仅是体现学生学习成效的重要方式，同时也是检验教学有效性的重要标准。传统教学评价存在过于注重技术的考察、技能的发展，不能全面客观地评价学生的学习过程和成效等问题。为弥补传统教学评价的不足，现阶段教师在教学评价过程中应将学生的学习过程、阶段目标、学习结果、体验感受、运动认知等要素纳入评价的主体内容，从而形成一个多元化的评价体系，以达到对学生的篮球运动技能、文化认知、身心感受等进行系统评价的目的，充分体现学生的学习成效，同时能够调动学生学习的积极性，有利于教师更好地开展课内篮球教学及课外篮球活动。

5. 丰富篮球教学内容

在体育篮球课的教学内容上，教师除了传授给学生基本的篮球技巧和战术外，还应在课堂上充分利用篮球这项运动的健身功能、娱乐功能等，通过游戏的教学形式，激发学生学习篮球运动的兴趣。同时，教师应积极鼓励学生加入篮球这项运动中，从培养学生对篮球运动的兴趣开始，最后一步一步让学生形成终身体育锻炼的意识，引导学生将篮球教学内容延伸到生活中，通过篮球教学让学生养成团队协作、公平竞争、顽强拼搏的意志品质。此外，学校的领导层可与省、市级单位积极沟通，要求适当增加篮球比赛活动的举办次数，并鼓励学生积极参与，以加大篮球教学与篮球比赛的衔接度，通过比赛来检验教学水平、发现教学中存在的问题并及时调整教学计划。

第三节　排球运动体育训练与教学实践

一、排球运动概述

排球是世界三大球（即足球、篮球、排球）中一项具有技术综合性、广泛群众性、健身娱乐性以及高度技巧性的运动项目。由于排球比赛既是竞技体育，也是娱乐活动，因此，不同年龄、不同性格、不同技术水平、不同身体条件的人都可以参与到符合自己情况的排球项目中。参与排球运动可以促进和改善参与者心理和生理方面的状态，以提高个人适应能力。

排球运动于19世纪末诞生于美国。美国的一位体育工作者威廉·G.摩根于1895年发明了排球这项运动。摩根的初衷就是要将其转变为一种由双手推动的球类运动，这样就可以为老年人创造一种不那么紧张，但同时又具有一定的竞技性和娱乐性的运动。他结合篮球和网球运动项目的特点，用篮球的内胆，把网球网升高挂在篮球场上，在两侧来回击打，这便是排球运动的雏形。排球于美国兴起后，逐渐传播到了世界各地。受地理位置的影响，排球运动于1900年先后传入美洲和亚洲，于第一次世界大战期间才传入欧洲。1947年，国际排球联合会成立，并制定出统一的竞赛规则。排球运动于1905年传入中国。

2020年，国家体育总局、教育部联合印发的《关于深化体教融合 促进青少年健康发展的意见》中指出，鼓励中学建立排球学校代表队，在体育高等院校设置独立的排球学院。可见，国家对体育工作高度重视，全面建立排球等集体球类项目队伍，凸显了排球作为三大球之一，对于体质健康提升、体育教育发展的重要性。这对高水平运动后备人才的培养以及学校体育工作的功能拓展具有重要意义。在体教融合的背景下，如何更好地选拔优秀的排球运动员，如何更好地帮助运动员提升竞技水平则成了我们面临的新挑战。在"十四五"时期，我国三大球振兴发展的主要任务之一就是提高竞技水平，没有三大球的全面振兴，就没有竞技体育高质量的发展。由此可见，排球运动的振兴发展最终还是要落实到竞技水平的提高上。自2006年中国大学生排球联赛横空出世，青少年群体中的排球受众基础也随之扩大，该赛事成了年轻的排球运动员展现专业技术水平的良好平台。

二、排球运动训练

（一）排球技术训练

1. 发球训练

（1）徒手模仿练习

①全体队员徒手模仿发球挥臂动作和抛球动作，体会发球的用力顺序和挥臂的轨迹，掌握正确的挥臂方向和速度。

②徒手做抛球挥臂击球动作的练习：做好准备姿势，左手前上置于击球点位

置，右手做挥臂击球练习（击在左手掌上），体会击球手法和击球部位，练习抛球，提高挥臂、击球动作的协调性。

（2）抛球练习

①原地抛球手法练习：做抛球练习时，要求掌心向上平稳地托送球，练习正确的抛球手法，体会抛球的位置和高度。

②固定目标的抛球练习：每人一球站在网或墙边，在球网或墙壁的适当高度做标记，练习抛球的准确性。

③做抛球、抬臂和引臂的配合练习：体会抛球的位置、高度和振臂引臂的连贯动作。

（3）击固定球练习

①模仿发球挥臂动作击固定球练习：一人双手持球置于腹前或头上，另一人做挥臂击球练习（不要将球击出），体会击球部位和手法。

②击固定球或吊球练习：一手将球按在墙上，一手挥臂练习击固定球或将球吊在空中，练习挥臂击球，主要体会挥臂动作、击球手法、击球点和击球部位。

③两人对击练习：3人一组，甲持球，乙、丙面对面站立，做好发球的准备姿势，同时做击球动作击甲手中的球，体会挥臂击球时手臂发力的肌肉用力感。

（4）抛击结合练习

①抛球与挥臂击球练习：结合抛球、引臂和挥臂击球的练习（不把球击出），体会抛球引臂和挥臂击球动作的协调配合。

②对墙或挡网做抛球与挥臂击球练习：体会抛球与手臂挥摆的配合以及击球手法的用力。

③两人站立在两条边线上对发练习：体会挥臂路线与正确的击球部位，或两人隔网做对发球练习，先站在距球网6米左右的位置，后逐渐拉长到9米或更长距离，体会控制球的力量与弧度。

2. 垫球训练

（1）徒手模仿练习

①双手叠掌或抱拳互握的垫球手型练习：要求前臂夹紧并伸直，形成垫击平面，教师及时检查学生的动作正确与否。

②结合半蹲准备姿势的原地集体徒手模仿垫球练习：要求先慢后快，放低重心，动作协调，教师及时检查与纠正学生的错误动作。

③原地与移动的徒手垫球动作练习：听教师口令做原地垫球徒手动作；看教

师手势做前、后、左、右的并步、交叉步、跨步的移动垫球动作练习,要求动作正确、协调、连贯。

(2)结合球的练习

①击固定球练习:2人一组,一人双手持球于腹前,另一人做垫击动作,重点体会正确的击球点、手型及手臂用力时的肌肉感觉。

②垫抛球练习:2~3人一组,间隔4米,一抛一垫或一抛二垫。教师先教学生用双手抛球,抛出弧度适中的球,球不能太旋转,落点要精准。学生要先将球垫高垫稳,然后再垫准到位。

③对墙垫球练习:学生每人一球,在距墙的2米处连续对墙自垫,要求击球手型、垫击点和击球部位正确,用力协调,控制球的能力强。

3. 传球训练

(1)徒手模仿练习

①原地模仿练习:徒手做传球准备姿势,听教师的口令依次做蹬地、展体、伸臂击球动作练习,重点体会传球前的准备姿势、身体协调用力的动作和传球的手型。

②原地传球模仿练习:重点让学生体会触球手型、击球点位置和身体协调配合动作及传球用力的全过程。

③2人一组,一人做好传球的手型持球于脸前上方,另一人用手扶住球,持球者以传球动作向前上方伸展,体会身体和手臂的协调用力,要求另一人纠正持球者的手型及身体动作。

(2)原地传球练习

①每人一球,自己向额前上方抛球:做好传球手型,在击球点位置将下落的球接住,然后自我检查手型。

②原地自传练习:要求把球传向头上正上方,传球高度离手1~1.5米,连续传30次为一组。

③对墙自传球练习:要求距离墙0.5米左右连续对墙自传球。体会正确的手型和手指手腕用力的肌肉感觉。

(3)移动传球练习

①每人一球行进间自传球练习:要求传球手型正确,移动迅速,保持正面传球。

②每人一球向左、右、前、后移动传球练习:要求自传一次高球,再传一次低球,提高控制球的能力。

③2人一组，一抛一传球练习：要求抛球者向左、右、前、后抛球，传球者根据来球快速移动传球。

（4）背传球练习

①每人一球，自抛背传球练习：要求将球抛到头上，两手腕后仰，掌心向上，依靠蹬地、展体、抬臂、伸肘动作把球传向后上方。

②3人一组，背传球练习：3人各相距3米左右，两边人抛球或传球，中间人背传球，要求同上。

（5）调整传球练习

①2人一组，相距6米站于网前，调整传球动作传高弧度球练习：要求利用蹬腿、伸臂动作传球。

②移动调整传球练习：4号位学生传一般球至5号位，5号位学生传球到6号位，1号位学生移动至6号位将球调整到4号位，要求依次循环练习。

（6）跳传球练习

①每人一球，对墙连续跳传球练习：要求掌握好起跳时机，在空中保持好身体平衡，靠快速伸臂动作将球传出。

②2人一组，连续面对跳传球练习：要求同上。

4. 扣球训练

（1）助跑起跳练习

①原地双脚起跳练习：全班学生听教师口令练习原地起跳技术，要求双脚蹬地力猛快速，两手臂配合划弧摆动起跳，顺势扣球，手臂上举，后引，抬头，展腹，身体呈反弓形，落地时双脚前脚掌过渡到全脚着地，屈膝缓冲。

②一步或两步助跑起跳练习：集体听教师口令做一步或两步助跑起跳，要求练习速度由慢到快，手脚配合协调，注意控制身体平衡。

③学生分别站在进攻线后，听教师口令向网前做两步助跑起跳练习，在此基础上再学习多步助跑、变方向助跑和跑动起跳，要求学生注意助跑起跳的节奏和起跳点位置的选择。

（2）挥臂击球练习

①徒手模仿扣球挥臂练习：按规定的队形听教师口令做挥臂练习，要求挥臂放松自然，弧形挥动，有鞭甩动作。

②扣固定球练习：扣吊球；或2人一组，一人双手持球高举，另一人原地扣固定球；或自己左手举球，右手做挥臂击球练习。要求击球时全手掌包满球，做快速鞭打动作。

③自抛自扣练习：每人一球，距墙 5 米左右先抛一次扣一次，然后连续对墙扣反弹球，或 2 人面对面相距 6～7 米对扣，也可在低网上自抛自扣等，要求击球力量不宜过大，动作放松，手腕有推压鞭甩动作，使击出的球呈上旋飞行状。

④扣抛球练习：2 人或多人一组，一人站在距墙 5 米处抛球，另一人或多人依次对墙扣抛球，在低网前一抛一扣，或在低网前轮流扣教师的抛球，要求抛球距离有近有远，弧度由低到高，扣球者选好起跳点，保持好击球点，挥臂击球手法正确。

（3）完整扣球练习

① 4 号位扣球练习：扣球者每人一球，先将球传给 3 号位，再由 3 号位把球顺网抛或传给 4 号位，扣球者上步助跑起跳扣球，要求掌握好上步起跳时机，在空中保持好人与球网的位置关系。

②结合一传的扣球练习：接对方发的轻球，垫给 3 号位二传，然后二传把球传给 4 号位，由 4 号位学生助跑起跳扣球，要求以中等力量扣球，注意正确的挥臂击球手法，选好击球点，防止触网或过中线犯规。

③个人助跑扣球或结合"中一二""边一二"进攻战术的扣球练习：要求由 4 号位跑到 3 号位或 2 号位，或由 3 号位跑到 4 号位或 2 号位扣球等，主要培养扣球者在不同位置的扣球能力、场上应变能力和集体战术配合能力。

（二）其他训练

1. 软梯训练

软梯也叫"敏捷梯"，除了新颖、有趣外，还简便易行，是现代体能训练中经常会用到的器材。教师通过将软梯平放在地上，根据学生水平的高低，安排简单或复杂的脚步移动、跳跃练习，能够改善其灵敏和协调能力。众多的竞技项目的灵敏度和速度训练都会运用此种高效有趣的训练方法。

具体到排球运动中，软梯训练就是排球运动员根据专项的需要和自身的特点，利用软梯设计相应的训练动作，如脚步的快速移动、复杂变化的跳跃练习，以此来提高灵敏度和协调能力。

2. 低栏架训练

低栏架训练是指利用低栏架设计合理的训练安排的训练方法，可以有效发展学生的力量素质、提高速度和协调性，进而提高学生整体的竞技能力。

三、排球教学实践

（一）排球教学相关研究

排球项目的开展对场地要求较低，受到了学校师生的喜爱，作为体育教学的重要运动项目，对锻炼学生心智、促进学生身心健康具有积极的作用，为国家排球运动后备人才选拔提供了新途径。但就目前学校排球教学的实际效果来看，教学方法、形式单一、专业师资力量配置不合理、教学评价体系不科学等问题影响了排球运动在学校的开展。

从高等体育院校排球专项学生的角度出发，有学者指出：随着我国当前对体育教育的扶持以及排球、篮球、足球这三大球类在校园开展的政策优化，排球运动在校园的普及与推广为期不远，但当今面临学生起点与技术相对较低的现象，不仅需要任课教师不断提高排球基本技战术教学的比重，以适应和满足社会的需要，而且需要适当增加排球课的学时以满足教学任务。

从影响排球教学的角度出发，有学者指出：排球是学校体育的重要组成部分，而高水平的师资缺乏、学生的参与度低、场地和器材设备不完善等是影响排球教学质量的主要因素。

综上，多名学者均认为排球是体育教学中的重要一环，其在培养学生的体育素质与品质方面具有无可替代的作用。但是排球在学校的开展仍有诸多阻碍，在此情况下，教师可以利用现有条件，积极转变教学模式或教学方法，主动引导学生专注于排球练习，不断提高排球教学质量，提升学生的学习兴趣。

（二）排球教学实践现状

当前我国学校排球教学取得一定的进展，但是仍有较多问题存在。最为突出和棘手的问题是排球教学没有被政府、学校等单位重视，组织的相关比赛较少，学生参加比赛的机会较少。各个地方经济水平的不同，导致排球师资力量和排球教学开展的情况存在很大的差异。部分学校在校园排球推广上没有做好宣传工作，导致校园排球运动和教学与校园篮球和足球之间存在很大的差距，落后很多。这些问题在一定程度上制约了我国学校排球教学的发展。

（三）排球教学实践建议

1. 通过比赛提高学生的运动兴趣

单调枯燥的练习会让学生感受不到排球运动带来的快乐，适当地增加排球比赛不仅可以丰富体育课的教学内容，还能激发学生的运动兴趣。学校可以通过以下几种方式组织实施排球比赛。

（1）课堂内增加排球比赛

在体育课上安排科学合理的比赛，可以提高体育课教学质量。在排球课上，体育教师通过一段时间的教学，在学生掌握了排球的技术动作后，可以安排适合所教学技术动作的比赛。教师可以通过对学生技术掌握程度的了解，针对不同层次的学生开展不同的教学与比赛活动，这样学生将会更好地在实践中得到快乐，从而有效帮助学生提升排球技能，最终促进学生整体水平的提升。

（2）每月安排不同的体育主题活动，增加排球比赛

现在不少学校在课余体育活动上都会安排主题活动月比赛，各班级会围绕主题活动月运动项目进行不同程度的练习。在这样的主题活动月当中，可以将排球运动加入其中，根据主题活动月的安排，教师可以针对排球运动项目进行教学，提高学生的触球次数，培养学生的球感。

（3）在运动会上增加排球比赛

学校可以在运动会上增加排球比赛，以班级为单位选取排球技术较好的学生报名参与规范的排球比赛，可以在排球比赛规则上做出适当调整，减少分数和局数，迎合运动会安排。这种方式可以提高班级其他学生对排球运动的兴趣，促进学生间的交流与合作，使学生建立良好的人际关系，并且可以有效促进学生身心健康成长。

2. 建立学校与排球俱乐部合作模式

现在不少学校注重丰富课后的体育活动，会聘用外界不同专项的教师来为学生上课。为促进校园排球运动的发展，部分学校与俱乐部通过加强合作有效开展了排球运动，大多数专家学者对这一模式表示赞同，并鼓励应在全国范围内实施。学校应根据当前排球教学的实际情况，选择与教学目标相适配的排球俱乐部合作，进一步完善教学模式和训练体系，促进校园排球运动的推广与发展。各俱乐部经常组织不同层级的比赛，有俱乐部内部不同校区学生的比赛，还有不同俱乐部之间的比赛，俱乐部的介入能够为学生提供更多参加比赛的机会，丰富学生的学习生涯。

3. 提升教师排球运动方面的专业知识水平

教师可以通过以下几种方式进行排球知识的再学习。

（1）增加排球运动教学研究

教师在校期间应积极参加学校、区、市举办的排球教研活动，在教研活动中通过其他教师的讲解丰富自身知识，完善自己的教学方法，并对学到的知识进行整理，找到适合自己学生的教学方式，让学生能够及时获取新的排球知识与练习方法等。

（2）与时俱进，观看排球比赛视频

我国每年都会举办各种排球比赛，网络上也不乏相关视频。教师通过观看排球比赛视频，能了解到很多排球方面的专业知识，如排球场上的不同战术、换人要求、技术暂停、判罚手势等更为专业的排球知识。教师通过不断学习，可以丰富自己的教学经验和教学内容。

（3）考取排球裁判证

教师可以通过对排球比赛规则的学习考取相应等级的裁判证。如排球二级裁判证，在考试时多分为理论考试和实践考试，理论考试的题目包括丰富的排球规则以及判罚要求，而实践考试则需要对一场比赛进行现场裁判，考验现场裁判能力、裁判手势。教师对排球专业知识的摄取，自然而然地会在教学中展露出来，学生通过教师的教学也会学习到更多的排球知识。

第六章 田径运动体育训练与教学实践

田径运动是指由走、跑、跳、投等运动项目及其由部分项目组成的全能运动项目的总称。田径被称为"运动之母",是体育运动的基础。田径运动体育训练作为一门重要的体育课程,在体育训练与教学中占有举足轻重的地位。本章分为走跑类田径项目体育训练与教学实践、跳跃类田径项目体育训练与教学实践、投掷类田径项目体育训练与教学实践三部分。

第一节 走跑类田径项目体育训练与教学实践

一、走跑类田径项目体育训练

田径项目的走跑类运动包括竞走、短跑、中长跑、跨栏跑、接力跑等,接下来将对竞走、短跑、中长跑项目的体育训练进行介绍。

(一)竞走体育训练

竞走是一项对身心有巨大考验的体能主导类运动项目。竞走不仅要求学生有较高的技术水平,还需要有良好的体能储备,而且需要将技术、体能、心态有效地融合。竞走需要学生有较强的快速重复完成动作任务的能力,速度、力量是构成技术运用水平的基本要素,耐力是重复完成动作任务的基础,柔韧性和协调性是构成技术动作衔接的关键。另外,对竞走运动来说,前半程和后半程在供氧系统上存在较大的差别,前半程主要依赖的是有氧代谢,后半程主要依赖的是无氧代谢。

从竞走运动的体能特征来看,竞走所需要的专项力量包括相对力量、力量耐力和快速力量;所需要的专项耐力包括有氧耐力、无氧耐力和混氧耐力;所需要的专项速度包括动作速度和移动速度;所需要的专项柔韧性包括一般柔韧性和专门柔韧性;所需要的专项协调性包括肌肉用力协调性和整体动作协调性。体能是提高学生竞走的竞技能力和取得优异成绩的关键，是学生竞技水平的重要组成部分，竞走体能包括学生的身体条件、运动能力和身体机能。由于竞走运动是一项对体能耐力考验较大的运动，竞走体育训练具有较高的把握难度。

竞走运动具有独特的特点，是田径项目中唯一一项长距离行走类竞技运动，具有体能主导耐力的特征。竞走运动要求学生全程保持重复性动作，并保证动作规范。竞走动作具有严格的规则标准，这对竞技比赛中人的体能素质、心理素质、战术能力、步行技巧均有较高的要求。例如，对于竞走体育训练中的身体素质训练，学生在训练中要保证身体素质的全面训练，需要利用丰富的训练方法和手段，不断优化和创新训练方式，从大方面的基础训练到专项素质的细致训练，把握训练的强度和负荷，并且训练的整体安排需要更加重视实际情况，在承受范围内不断地提高自身的竞走竞技水平。身体素质不仅包括专项耐力素质，还包括力量、速度、灵敏性和协调性等素质，只有同时具备这些素质，并在比赛中协调运用，才能发挥出最佳水平，才能取得优异成绩。

1.耐力训练

竞走体育训练的耐力训练包括有氧耐力训练、专项耐力训练和速度耐力训练三个方面。

（1）有氧耐力训练

对竞走运动来说，有氧耐力是完成竞走运动项目的基础，因此有氧耐力训练是竞走体育训练最重要的训练内容之一。有氧耐力训练主要采用低强度持续走和持续跑的方式提高人体的摄氧能力和储氧能力，提高专项耐力水平。有氧耐力训练为竞走提供基础保障。有氧耐力训练内容的训练强度较小，训练量较大，训练时间较长，训练持续性强，对磨炼学生的耐心和毅力有积极的作用。同时，竞走有氧耐力训练还能调节人的心情，调节人体机能状态。

（2）专项耐力训练

耐力训练是提高竞技水平的重要手段，混氧能力水平的高低就是专项耐力水平的高低。专项耐力训练能够提高人的心肺功能，提升竞走节奏的控制和把握能力，从而提高竞走专项成绩。

（3）速度耐力训练

竞走运动不仅要以有氧耐力和专项耐力为基础，还要加快竞走的速度，这也是竞走体育训练的关键，因此速度耐力训练不可或缺。速度耐力训练主要采用间歇训练和重复训练的方式，主要目的是改善人的代谢能力、循环系统和呼吸系统，不断地达到极限状态,以发展速度耐力,提高在竞走后半程以及冲刺阶段的加速能力。

2. 力量训练

竞走运动需要学生在长时间的竞走过程中保持身体的稳定性和控制能力,因此力量训练内容必不可少。竞走体育训练中力量训练的力量素质包括最大力量、快速力量、力量耐力、相对力量和核心力量。竞走运动需要学生在长时间竞走中有足够的肌肉力量保持核心稳定性和动作规范性。竞走力量训练的内容主要有下肢力量训练、上肢力量训练、核心力量训练。

竞走力量训练的方式主要包括负重抗阻训练、对抗性训练、克服弹性物体训练、利用器械训练、克服自身体重训练、瑞士球训练和平衡垫训练等。

①负重抗阻训练是指通过杠铃、哑铃等器械进行上肢或下肢的力量训练。

②对抗性训练是指通过与队友或教练员的配合、对抗形式提高力量素质。

③克服弹性物体训练是指利用皮带等具有弹性的器械进行训练,通过弹性器械拉伸产生的阻力提高力量素质。

④利用器械训练是指利用力量训练器械对身体各部位进行针对性的力量训练,加强肌肉力量。力量训练器械相对安全,能够降低学生的心理压力,提升其训练信心。

⑤克服自身体重训练是指利用自身的体重进行训练,如引体向上、深蹲、立卧撑等,这类训练需要学生身体支撑,增强自身力量。

⑥瑞士球训练是一种新型的训练方式,瑞士球的不稳定性使人体处于非稳定状态,能够提高人体的核心素质以及平衡性、协调性、稳定性。瑞士球训练主要提高的是学生的核心力量和核心稳定性,协调四肢力量传递,是整体发力的关键,起到承上启下的作用。

⑦平衡垫训练的作用和瑞士球训练基本一致,都是利用不稳定状态下的训练提升核心力量。平衡垫更适合锻炼局部部位,如脚踝、腹部等肌肉群,同时平衡垫还有按摩的功能,能够缓解疲劳,促进血液循环,加快新陈代谢。

3. 柔韧性训练

柔韧性训练能够扩大关节活动范围,提高关节周围肌肉、韧带、肌腱的弹性和伸展性,因此竞走体育训练对学生的柔韧素质也有较高的要求。柔韧素质是指人体关节活动幅度的大小以及跨过关节的韧带、肌腱、肌肉、皮肤及其他组织的弹性和伸展的能力。柔韧性训练不仅能够发展学生的柔韧素质,同时还能缓解疲劳，加快运动后的身体恢复。柔韧性训练的内容包括静力拉伸训练、动态拉伸训练、被动拉伸训练和PNF（Proprioceptive Neuromuscular Facilitation）拉伸训练等。

（1）静力拉伸训练

静力拉伸训练是指在不强调速度的条件下将肌肉、韧带等软组织拉长到一定程度，保持静止不动的训练方法。此拉伸方法具有可控制、简单便捷的特点，被广泛应用于各个运动中。静力拉伸训练的主要特征是肌肉和韧带能得到较长时间的拉伸和刺激。

（2）动态拉伸训练

动态拉伸训练指缓慢、有控制地活动肢体来扩大整个关节活动范围，通常是有节奏地重复某一动作。此拉伸对于提高人体肌肉弹性及协调性有积极的作用，但强度和刺激较大，不利于柔韧素质的提升，并且在拉伸过程中肌肉会产生保护性的牵张反射而无法完全伸展，并且强度控制不好容易发生损伤。

（3）被动拉伸训练

被动拉伸训练是拉伸过程中依靠外力完成的拉伸方法，强调在训练中尽量放松对抗的肌群以拉伸肌肉群。拉伸过程中，在学生感到疼痛时要停止施加外力，避免过度拉伸，因此，被动伸展要掌握必要的技巧，防止在拉伸过程中造成不必要的损伤。

（4）PNF拉伸训练

PNF拉伸训练，通常被译为"本体感觉神经肌肉促进疗法"，此拉伸方法最早用于临床医疗康复领域，是通过神经、肌肉和本体感觉共同参与的以神经发育为促进方法的治疗手段。PNF拉伸训练的基本原理是在两个人的配合下进行反复、静力性拉伸活动，使目标肌肉进行一定时间的等长收缩，激发人体尚未被利用的潜能，具体为首先主动收缩拉长目标肌肉，然后进行6～8秒对抗的等长收缩，呼气放松后再将目标肌肉拉伸到一个新的活动范围，以此重复2～3次，通过增强肌肉力量、主动收缩肌肉和对抗阻力的方式提高身体关节活动度与柔韧性。PNF拉伸训练能够提高机体柔韧性，主要是由于人体的反射性放松和牵张反射的生理机制，同时由于人体的抑制现象和交互抑制现象提升肌肉的拉伸程度。

通过以上传统拉伸训练及PNF拉伸训练，均可以提升竞走肩关节、髋关节、膝关节和踝关节的柔韧性。PNF拉伸训练能够提升学生竞走动作技术的各项指标，尤其能够大幅度提高后摆臂角度、髋臼角、步长和后蹬角度的指标，对动作技术的改进和优化有积极作用，而且对提高学生竞走成绩有积极的影响。

综上所述，PNF拉伸训练对柔韧素质的提升效果显著，因此教师可将PNF拉伸训练与竞走项目的特点有机结合。PNF拉伸训练与传统动态及静力性拉伸训练都各有所长和特点，教师在实际训练中应根据不同部位的生理结构及特点将几种拉伸结合在一起，选择最优的拉伸方式。学生在进行PNF拉伸训练时，必须经过充分热身，注意拉伸的力度和时间，循序渐进避免损伤，并在训练时根据竞走项目特点，选择适合自身的拉伸方式。

（二）短跑体育训练

1.速度耐力训练

速度耐力是指机体以无氧代谢为主要供能形式而坚持较长时间工作的能力。从运动训练学的角度来看，速度耐力分为两种：一种是长时间保持速度的能力；一种是多次重复冲刺的能力。人体运动是一个由生物能转化为机械能的过程，因此运动表现受能量代谢的影响。

速度耐力训练更多的是从方法学角度归纳短跑训练的设计，但在内容上反映出明显的生物学特点，如各种训练方法都参考了磷酸原和无氧糖酵解的供能比例、时间和恢复时间等因素。

虽然提高加速度和最大速度是很重要的，但超过7秒的冲刺都需要以糖酵解系统供能保持速度。高强度冲刺（95%～100%相对强度）持续时间超过7秒，依靠无氧乳酸代谢来维持肌肉收缩，这会导致肌肉内乳酸的积累。速度耐力是尽可能较长时间保持速度的能力，其典型特征是在95%～100%强度下持续7～15秒的冲刺跑，组间歇采用完全恢复的方式。前7秒进行加速跑并达到最高速度，之后就是尽可能长时间地保持这个速度。

为了发展速度耐力，首先必须以非常接近人体最大速度的强度进行训练，并在一段时间内保持这个速度。速度训练和速度耐力训练的关键区别在于，速度耐力训练中的无氧代谢受到了挑战，和速度训练一样，组间歇采用完全恢复的方式。例如，高水平的运动员与学生相比，需要更长的休息时间，由于不同水平的运动员15秒内跑的距离是不同的，因此速度耐力训练的距离因人而异。对学生来说，速度耐力训练距离为100米即可，而对精英短跑运动员来说，160米可能是最佳训练距离。

速度耐力训练的重复次数取决于速度下降幅度。每次训练持续15秒左右，每次训练的强度接近100%，可能只能训练2～3组，然后速度就会降到95%以下。一旦学生感到疲劳，并且用力感觉增加，就应该结束训练，以确保学生不会以错误的用力模式训练。如果在强度低于95%时继续训练,那么训练的目标就不再是速度耐力。

2. 节奏跑训练

速度训练、速度耐力训练、专项速度耐力训练这些训练方法都有一个共同的特征,即以90%～100%的相对强度进行训练,并完善比赛中使用的跑步机制。然而,短跑也使用低于90%强度的跑步,以发展特定的能量系统,为高强度训练方法做好准备,也是一种积极恢复的手段。节奏跑训练低于速度训练、速度耐力训练、专项速度耐力训练的训练强度,强调节奏和配速,通常是在不完全恢复的情况下进行的。

专注于较长距离项目的短跑通常在准备期进行节奏跑训练,这是400米项目训练计划的主要组成部分。尽管节奏跑的速度不够快,不足以发展100米所需的专项素质,但节奏跑要求身体利用糖酵解系统来维持肌肉收缩。然而,由于节奏跑训练的强度低于比赛强度,因此它应该与高强度(95%～100%)训练模式结合使用。

在进行节奏跑训练时,教师必须根据不同周期合理安排训练。如果安排不当,学生可能会习惯以次最大强度进行跑步,从而导致错误的用力模式,而且在进行高强度训练或比赛时,很容易受伤。还应该注意的是,虽然在节奏跑中使用的生物力学与比赛中使用的生理力学有显著的不同,但所需的强度仍然足够高,足以对中枢神经系统产生显著的负荷。因此,就像高强度训练一样,学生需要2天或2天以上的时间才能完全从训练中恢复过来,这应该被考虑到训练计划中。

3. 专项力量训练

在进行力量训练时,如需提升专项力量,除了进行一般力量训练之外,还需进行专项力量训练。专项力量训练是将专项技术动作与力量训练的特点相结合的训练方法。在短跑项目的力量训练中,进行专项力量训练的主要目的是提高专项位移速度,提升竞技能力,从而提高运动成绩。因此,进行与短跑专项技术动作相似的力量训练,能有效促进学生专项技术动作的完善和运动水平的提高。

不同的短跑力量训练起到的作用不同,例如,负重背沙袋跑练习对提升下肢爆发力具有非常显著的效果;拖降落伞跑练习和水平阻力的托重物跑练习对学生的短跑运动成绩有较好的积极效应;单腿多级跳、立定三级跳远、跨步跳等超等长训练的跳跃性练习,能有效发展学生的爆发力和快速力量。除了短跑专项训练手段的效果之外,进行过多的跳跃性练习会对短跑水平移动速度产生负迁移的影响。单一类型的力量训练手段对于短跑专项效果不大，很难满足短跑项目中需要的髋关节、膝关节和踝关节的屈伸肌力。因此，在进行短跑专项力量训练时，要有针对性地选择训练内容和手段，综合运用多种训练手段。

4. 爆发力训练

（1）负重抗阻训练

长久以来，爆发力以肌肉力量为基础，而肌肉力量训练则以负重抗阻训练为主，同时也被认为是提高最大力量的有效方法。肌肉力量是指一块或几块肌肉自主产生力量或力矩对抗外部阻力的能力。负重抗阻训练可以显著增加肌肉力量，是因为身体通过增强其在预期类似的未来需求中产生力量的能力来适应抵抗性刺激。而训练量度、强度、休息间隔、持续时间、运动选择、运动顺序、重复速度和训练频率等变量都是影响负重抗阻训练的重要因素。

有学者通过研究体能训练金字塔模型发现：如果要获取较高一级的爆发力，就必须遵循金字塔原理，必须以金字塔下部和底端的能力为基础，而下层的基础就是最大力量。在爆发力训练中，负荷安排必须保证合理有效：①爆发力训练负荷要根据个人情况决定，以40%～80%的强度进行爆发力训练，对爆发力的提升效果最佳。②爆发力训练的组数一般以3～6组为宜，重复次数以5～10次为宜。练习次数和组数的确定需以不降低动作速度为原则，并且组间间歇一般为2～3分钟。爆发力的发展主要基于最大力量的发展，所以针对最大力量的训练方法与手段也适用于发展爆发力。

采用负重抗阻训练来增强下肢爆发力的训练手段主要为40%～80%的深蹲、半蹲等，适宜组数为3～6组，每组练习5～10次，组间间歇2～3分钟。

（2）超等长训练

超等长训练是一种增强肌肉爆发力的训练方法。超等长训练共有三个阶段：第一阶段是离心阶段，也称为加载阶段，在该阶段，肌肉被快速拉长；第二阶段是缓冲阶段，又称过渡阶段，该阶段处于离心阶段和向心阶段的中间，是指离心结束和向心开始之前的时间；第三阶段是向心阶段，也称为卸载阶段，是指肌肉被迅速缩短的阶段。超等长训练多是在克服自身重力的基础上，采用各种形式的跳跃、移动练习。例如，各种方式的跨步跳、台阶跳、蛙跳、纵跳和跳深练习。进行超等长训练（单足跳加跳深）时，适宜的间距为3米，适宜的高度为35～45厘米。

超等长训练多为每周 2 次，每次训练 6～10 组，每组 6～10 次，组间间歇 2～3 分钟。在进行超等长训练时，教师应根据短跑的特点和学生的水平安排训练，多安排直线形式的跳深练习。

5. 复合式训练

复合式训练作为近几年运动训练研究领域的热点问题，受到诸多国内外学者和优秀教练员的关注，国内外学者对复合式训练的定义有所不同。1973 年，苏联教练捷·阿瓦尼西亚等对苏联高水平田径运动员进行研究时，将"速度－力量"训练模式加入日常训练，观察运动员对训练的适应性，这被认为是运动训练领域最早对复合式训练进行的研究。同时，该研究还认为进行大重量抗阻训练后再进行爆发力训练效果最佳，可以使运动表现和竞技能力得到更大提升。

复合式训练的热身部分包括围绕田径场进行 4 圈慢跑，随后进行拉伸练习（高抬腿、后蹬跑、车轮跑、正踢腿、里合摆腿、外摆腿、半蹲走、股四头肌拉伸等）。

复合式训练的基本部分，主要包括如下几个方面。

①半蹲。将杠铃放置于斜方肌上半部分，双手扶杠，双脚脚尖略指向外侧站立，大约与三角肌垂直，以髋为主导带动膝关节下蹲，膝关节朝向与脚尖一致，下蹲至大腿与小腿呈 90°～120° 夹角后对抗杠铃的重量站起，算作完成一次。

②高翻。双脚站立，两脚略宽于肩，两脚脚趾略指向外侧，开始动作始于下蹲前握式握杠，双手宽度略宽于肩，双膝朝向与脚尖一致，握杠时手肘完全伸展，将杠铃置于胫骨前 3 厘米左右。起杠前，下背部固定，肩胛骨收紧，头部保持中立位，起杠时杠铃尽量紧贴胫骨，杠铃在超过膝盖后，臀部前顶，微微屈膝，肩膀上耸将杠铃提起，手肘前顶同时下蹲接杠，站起后算作完成一次。

③负重提踵。双脚与肩同宽站立于举重台边缘，前脚掌支撑，脚后跟不与举重台相接触，将杠铃置于颈后，膝盖微微弯曲不要锁死，起始位置脚后跟低于台阶平面，借助踝关节力量完成小腿肌肉收缩的提踵动作。

④弓箭步蹲。双手各握一个哑铃，悬于身体两侧，收腹挺胸，上肢保持直立，左脚或右脚向前迈出一步，呈弓箭步姿势下蹲，直到大腿与地面平行，另一膝盖接近地面，向前跨出的腿发力还原至迈步姿势，算作完成一次。

⑤跳下跳箱＋纵跳摸高练习。使用高度为 40 厘米的跳箱，学生从跳箱上双脚跳下，落地的同时开始第二次双脚起跳，尽量跳至最高触摸摸高架，落地后算作完成一次。

⑥弓箭步换腿跳。学生原地起跳后做弓箭步动作并落地支撑，前腿弯曲

90°，后腿蹬直并仅用前脚掌支撑，随后迅速起跳，交换双腿并再次呈弓步动作，算作完成一次。

⑦单腿换腿台阶跳。学生一脚踏在台阶上仅用前脚掌支撑，另一脚放于平地上，台阶上的腿发力跳起，并在空中完成换腿，将另一条腿落于台阶上，并重复上述动作，两腿各完成一次算作完成一次动作。

⑧连续跨步跳。学生双脚与肩同宽站立，双脚向前方跳跃，在跳起的空中一条腿向前跨步，跨出的腿落地发力起跳，另一条腿向前跨出，不断连续交换，完成完整训练。

复合式训练结束部分的拉伸放松动作（采用静态拉伸），主要包括如下几个方面。

①股四头肌三点伸展。这一动作是放松股四头肌最简单的动作，背向小单杠站立，一条腿弯曲膝盖并将小腿放置于单杠上，抬头挺胸，将另一条腿弯曲至感觉单杠上的腿充分拉伸，之后再将接触地面的腿伸直，并重复。

②腘绳肌拉伸。两人一组，一人平躺，抬起一条腿，另一人慢慢把对方抬起的腿向抬起方向推，两人做对抗拉伸，保持30秒之后恢复到起始姿势，另一条腿重复，之后两人互换进行拉伸。

③站立髋外旋伸展。一条腿膝盖弯曲放置于桌上，另一条腿伸直。上半身呈俯身状，直至臀部有拉伸感时停住，并且保持此姿势10秒，换另一条腿重复动作。

④小腿拉伸。身体呈直立姿势，双手扶墙，面对墙站立，将一条腿的脚尖抬起并抵住墙面，将膝盖向前顶，保持拉伸状态15秒，恢复到起始姿势，另一条腿重复伸展动作。

（三）中长跑体育训练

中长跑是由中距离跑和长距离跑组成，主要以有氧供能为主要形式的跑步项目。

中长跑项目的供能特点决定了其艰苦困难程度，对速度耐力有较高的要求。例如，1500米中长跑项目的速度耐力训练中除了发展磷酸原供能能力之外，更重要的是发展磷酸原和乳酸混合供能能力。高强度的无氧训练不仅可以使学生保持较好的竞技状态，还增强了学生的肌肉代谢能力，对发展1500米后程冲刺能力有积极作用。在训练过程中使用间歇训练法和重复训练法，通常采用多次数的200米上下坡跑或平跑，间歇时间短的训练手段，对心肺进行一定程度的刺激。

在中长跑体育训练方法中，组合训练法可以灵活地调节负荷，更加合理地安排间歇时间，有效地提高学生的成绩。例如，在男子中长跑体育训练的三个大周期中，每个大周期对训练负荷的安排存在差异：第一个周期，混氧训练的负荷量比重偏小；第二个周期，负荷量呈波浪式下降，负荷强度递增；第三个周期采用减负荷量方式，专项耐力训练和混氧训练的负荷量比重较为平均。根据中长跑实际和运动项目特点建立运动负荷强度模型，通过"等差级数"的方法，可以更为科学有效地把握负荷强度，从而真正提高训练效率。再如，3000米障碍跑的训练负荷强度每一周都有强度高峰，尤其是在比赛前的两周更是超过比赛强度，训练中采用以速度为核心的无氧训练和高低混氧结合的中长跑体育训练新理念。当运动强度达到85%以上时，中跑和长跑的尿蛋白的数值会发生差异性变化，因此通过尿蛋白的含量合理地制定训练强度同样也是值得思考的。中长跑的训练强度在80%左右为最佳，最后的备战时期可采用降量提升强度的模式，并且根据乳酸的拐点和尿蛋白的数值安排训练强度。

在中长跑赛前减量训练的时间一般为1～4周，训练内容趋向于专项练习，在赛前随着训练量的适度降低反而会促进竞技能力的提升。训练量应与平时训练相持或略有增加，而训练负荷要逐渐减少。减量训练分为渐进型减量训练和非渐进型减量训练两种，渐进型减量训练优于非渐进型减量训练。减量阶段维持强度不变的训练策略是促进赛前适应的关键，最佳减量在40%～60%对学生运动成绩的提升更为有效。8～14天的减量时间最为适宜中长跑项目。学生通过减量可以在比赛中提升0.5%～6%的成绩。例如，在赛前6～12天的周训练中，训练量缩小70%～90%，促进了学生肌肉爆发力的提高，竞赛成绩也得到了提高。对竞速类项目而言，在赛前3周，高强度训练比例要显著提高，占比应接近40%；在赛前1周，中等强度训练比例维持在6%；低强度训练在赛前2周保持稳定状态，并且在赛前1周要提高占比。这样安排既有利于高强度训练后机体的恢复，也有利于学生机体形成良好的肌肉记忆，以表现出较高的技术效率。综上所述，赛前减量的原则是减量不减强度，并且从赛前的2～3周循序渐进地进行赛前减量调整。

1. 耐力训练

耐力，通常指有氧耐力和无氧耐力。耐力主要是个体在活动中的耐久能力。当然，耐力与人体的身心素质和意志息息相关。在长时间的运动过程中，机体需要持续地进行有氧代谢工作，这时表现出来的耐力称为有氧耐力，而无氧耐力与之截然不同,主要是指机体在无氧代谢的情况下,依靠人体的糖酵解供能来维持机体活动。

2.体能恢复训练

大负荷高强度的训练之后,学生只有通过科学有效的调整恢复才可以快速地投入下一次的训练。走跑类田径项目除重视科学的训练之外,也十分重视恢复。在训练之余进行的体能恢复训练方法如下。

(1)改善代谢法

整理活动是消解疲劳和促进体能主动恢复的一种物理手段,有的教师在每堂训练课结束后会安排学生进行"排酸跑",这是一种慢跑结合有节奏的呼吸操的放松方式,可加速四肢血液回流,最终加快疲劳的缓解。

教师在训练课结束后可安排学生进行15～30分钟的肌肉拉伸,重点拉伸股后肌群和腓肠肌,从而减轻肌肉的僵硬程度和酸胀感。

训练结束2小时之后,学生可进行10分钟左右、水温在60℃左右的热水浴来加速血液循环,缓解疲劳。

按摩的运用较为灵活,可以运用于训练前后的不同时段,但在训练后即刻进行30分钟的针对性强和系统性高的按摩,可有效地缓解浅层及部分深层肌肉群的疲劳程度。

(2)调节神经系统法

保证充足的睡眠是超负荷恢复的基本方法,也是必不可少的体能恢复过程。教师要保证学生在夜晚有9小时睡眠时间、中午有1小时休息时间,若训练负荷较大,午休时间可延长至2小时。根据不同学生的特点,教师可以采用强化法,以鼓励和肯定为主,遵循尊重与理解学生的原则,激发学生的自我效能感,减轻学生的心理压力,促进学生成长。

(3)物质补充法

中长跑的负荷量大,体能大量消耗,补充营养物质的目的在于恢复能量储备、平衡机体酸碱和各种体液等。在现实状况下,学生可以采用服用补糖类药剂的补糖方式,增加体内糖原储备,具体包括葡萄糖液、半乳糖和多种面食制品;为满足能量的过度消耗,蛋白质的供应多以牛奶和牛羊肉等富含蛋氨酸的食品为主,同时也应摄入一定量的脂肪含量高的食物;体液的补给贯穿在训练过程的始终,多补充以含维生素B族和维生素C为主的电解质液,维持渗透压平衡和内环境的稳定。另外,饮食中应增加较多含铁量高的食物,防止缺铁性贫血。

综上所述，中长跑体能恢复训练主要采用改善代谢法、调节神经系统法和物质补充法三种方法，能够有效地促进身体血乳酸的排解和精神上疲劳的快速恢复。但在实际生活中，学生因需要兼顾课业和训练，对于恢复的重视和实施打了一定的折扣，因此学生在今后的训练中还需加深对训练后恢复的重视。

二、走跑类田径项目体育教学实践

（一）教学目标

首先，从学生的运动兴趣出发，如果学生对某项走跑类田径项目感兴趣，那么学生的运动动机就能够被激发，学生的学习效率也会有所提高。

其次，走跑类田径项目体育教学主要是为了改善学生因没有掌握体育运动技术而减少参加体育运动的情况，因此体育教学的目标之一就是帮助学生从感兴趣的走跑类田径项目出发，帮助学生真正地掌握并运用相关的运动技能，从而培养学生日常进行体育锻炼的习惯。

最后，学校体育教学的目的主要以提高学生的身体素质为主，与运动员的培养方式不同，运动员主要是为了在体育比赛中取得优异的成绩才进行专项化训练，而体育教学的目的是帮助学生学习自己喜欢的走跑类田径项目，从而培养学生日常进行体育锻炼的习惯。因此，学校体育教学最主要的目的是培养德、智、体、美、劳全面发展的学生。

（二）教学内容

走跑类田径项目体育教学通过固定的教学课时，保证部分有走跑类田径运动天赋或对走跑类田径项目感兴趣的学生有足够的时间深入学习与走跑类田径项目相关的内容。

而学校围绕走跑类田径专项课程教学内容的改革主要体现在对其专项理论知识、专项运动技能和身体素质等教学内容的设置。

（三）教学实施

与其他运动项目不同，走跑类田径项目大多以室外运动为主，因此为了更好地促进走跑类田径项目体育教学的实施，学校需要有足够的运动场地和完善的体育器材设施开展走跑类田径项目的专项课程。

体育教师是体育课堂教学的主导者，只有体育教师的专业性和教学能力得到有效的提高，学生的专项学习才能得到更好的发展，体育专项教学的质量才能有所提高。

走跑类田径项目体育课程的设置也要符合教学内容的要求，合理设置课时，满足不同学生的体育训练要求。

走跑类田径项目体育教学中最常见的是讲解法和示范教学法，这两种教学法能够使学生直观地感受动作重点，但是容易造成学生被动地学习，使得他们丧失对运动的兴趣。因此，教师要不断优化和创新走跑类田径项目体育教学的方式方法，增加多种教学方法，如游戏法、竞赛法、情境法、探究法、发现法等。

同时，在课程实施的过程中，教师可以根据不同教学内容变换教学方法。走跑类田径项目体育课程教学方法的多样化能够在很大程度上调动和激发学生对田径运动的积极性和兴趣，能够有效地吸引学生的目光和注意力，能够提高走跑类田径项目体育教学质量。

（四）教学评价

要想使走跑类田径项目体育教学更加客观科学，必须根据体育教学评价的规律和特点，遵循走跑类田径项目体育教学评价原则，对走跑类田径项目体育教学评价的指标进行初选、确定和分析，使得教学评价指标有依据性和权威性，进而体现走跑类田径项目体育教学评价构建的合理性和科学性。

在构建走跑类田径项目体育教学评价体系的过程中，指标的选取要充分考虑走跑类田径项目体育教学的特点，结合走跑类田径项目体育专业培养目标，符合走跑类田径项目体育教学的客观实际，不能主观臆断、随意掺杂个人色彩，也不能妄自增减指标，毫无科学依据，否则就会影响评价决策实施。在进行教学评价时，选取的指标要注意涉及的范围应全面，要考虑到走跑类田径项目体育教学评价的各个方面、不同角度，不能以点概面、以偏概全。在具体实施评价体系的过程中，要体现走跑类田径项目体育教学的多方面目标，保证其整体性；要根据走跑类田径项目的项目特点差异对待，保证其灵活性；要全方位地分析走跑类田径项目体育教学评价结果，保证其全面性。

针对特定的走跑类田径项目，至少有教师和学生两个评价主体，且通常表现为交叉评价，即教师评价学生的学、学生评价教师的教。除教师和学生两大评价主体外，还有学校、社会、家庭等评价主体，要综合有效地发挥这些评价主体的作用。在走跑类田径项目体育教学评价中，评价主体的作用不可忽略，他们的反馈结果关系着整个评价体系存在的必要性，因此要从评价主体出发，确定评价体系初步选取的指标。

评价对象直接关乎体系指标所对应的具体内容。对教师的评价，包含教学能力、教学组织与管理、教学方法、教学效果等多项内容。教学过程体现了走跑类田径项目体育教学评价体系中教师的教，教学能力主要评定教师在走跑类田径项目体育教学中各个教学因素执行的效果，包括教师上课的态度、课前准备情况、教学内容的设置、教学方法与手段的选择、课堂的组织与管理、课堂的负荷安排以及教学效果的反馈情况；训练能力主要评定教师对走跑类田径项目体育训练相关内容的教学情况，包括训练方法的运用、训练过程的指导、训练计划的制订以及训练效果评价；竞赛组织和裁判能力主要评定教师对竞赛相关知识的教学情况，包括竞赛组织和竞赛裁判的教学；社会适应能力主要评定教师适应社会的能力，包括是否具有现代教育理念和师生观正确与否。对学生的评价，包括对学生的上课表现、学习态度、技能和理论提高水平等的评价。学习态度主要评定学生对待课堂的态度，包括学生的出勤率、课堂表现和课后表现；考核评价主要评定学生在课堂上的学习效果，包括学生对走跑类田径项目体育理论知识和运动技能的掌握程度、进步程度以及走跑类田径运动意识的体现；合作与交往主要评定学生的社会交往、人际关系和合作精神的情况，让学生了解到自己是社会的一部分，认识到与人交往的重要性。评价对象的广泛性，体现了走跑类田径项目体育教学评价体系面对知、情、行、意等全方位的评价。走跑类田径项目体育教学评价的内容，无非针对教和学两方面进行评价，即教学过程和学习过程。众所周知，教学过程和学习过程包含很多内容，但是要想体现走跑类田径项目体育教学评价的时代性，需要在结合已有教学评价内容的基础上，选取能够彰显时效性的指标，构建最适应当前的评价体系。没有规矩不成方圆，量表、体系、方案等的设计和制作，一定是依据某些既定的标准产生的。走跑类田径项目体育教学评价体系亦是如此，评价的标准影响着体系指标的初步选取。构建评价体系要在原有评价体系的基础上，保留其有必要存在的评价指标，增添新的评价指标，润色其教学评价的内容，最终实现走跑类田径项目体育教学评价的目标。所以，制定评价标准是必不可少的环节之一，也是影响构建教学评价初选指标的重要因素之一。

第二节　跳跃类田径项目体育训练与教学实践

一、跳跃类田径项目体育训练

（一）撑竿跳高体育训练

1. 柔韧性训练

撑竿跳高项目对学生的柔韧性要求很高，尤其是对学生的肩关节柔韧性要求更高。

（1）肩部柔韧性练习

双臂压肩：双手扶一米高的肋木或杠铃杆，体前屈 90°，有节奏地做压肩动作。

单臂压肩：一手上举扶住面对的杆子、柱子或树干。上体前倾做压肩动作，两边交替进行。

悬垂拉肩、转肩：悬垂于单杠上做收腹举腿，两脚穿过吊在杠上的两臂之间，做反身悬垂，进行拉肩。在吊环上，可以做正反两面的转肩。

单杠、吊绳悬垂摆体：悬垂于单杠或绳子上，不屈臂，以肩为轴后倒回旋，呈倒立姿势。

转肩：两手握住棍棒、绳子或毛巾的两端，做前后转肩动作。

（2）腿部柔韧性练习

压腿：可采用体操的压腿法进行正面、侧面压腿。

踢腿：扶肋木正面、侧面大踢腿或进行行进式的正面、侧面大踢腿。

劈叉：正面和侧面，膝关节尽可能伸直。

撕腿：仰卧，帮助者压住练习者一条腿，搬动其另一条腿，压向头胸部方向。

站立式体前屈：吸气时两臂上举或抱头，呼气时两手从体前放下，腰背要直，两手抱膝紧折，停住 5～10 秒，注意力集中在后腿的肌肉上。

坐式体前压：做法和要求同上，也可以由别人按住腰背下压。

2. 速度训练

影响撑竿跳高成绩的两个关键因素是握竿高度和助跑速度。握竿高度与助跑速度有着紧密的联系，并且对腾起高度起着重要的作用，助跑速度决定撑竿起跳的速度，体现在撑竿的向前性，因此这两个重要的因素都和速度相关。所以撑竿跳高对学生的速度素质要求越来越高。

（1）短跑速度练习

站立式起跑练习，学生以最快的速度作站立式起跑，冲刺十几米；持竿快速跑（可负比自己训练重的撑竿）、负重杠铃片快速冲刺跑（将杠铃片放置于胸前）。撑竿跳高速度训练中还可以进行60米计时跑、100米计时跑、150米接力跑等。

（2）专项速度练习

与专项越接近的动作，专项性越强，实效性越大。在撑竿的专项速度方面可采用如下一些方法。

①在跑道上的练习。可在没有穴斗的跑道上，采用起跳距离的持竿计时跑衔接举竿起跳练习，也可采用40米跑、60米跑的持竿练习。助跑节奏在这样的练习中很重要。还可以采用快速悬垂收腹、快速单杠引体衔接短距离冲跑、快速屈臂撑衔接短距离冲跑等练习。

②利用器械练习。在吊绳上，可采用摆体技术来提高动作速度。方法是采用吊绳悬垂，上手臂伸直，下手臂呈支撑动作—上—下，以肩关节为中心做回旋后呈倒立姿势。这样就迫使学生以更大的力量、更快的速度去完成摆体伸展练习，还可以增加下肢的负重来增加摆体的难度和提高摆体的速度，提高学生的动作速度。也可以采用助跑的方式起跳抓绳衔接摆体，还可采用计时爬绳的方法。这样的练习也可在吊环上完成，要求一样。久而久之，可提高学生的专项动作速度。

（3）体操练习

在垫上做前滚翻、后滚翻、后滚翻倒立推起、助跑前空翻、前手翻转体跃过一米左右皮筋。在做这些动作时，要有意识地加大速度，例如，在规定时间内做10个或20个一组的前滚翻或后滚翻，经常练习对提高速度有帮助。

3. 力量训练

（1）垫上腰腹背练习

仰卧抱膝打开，要注意抱紧，注意收腹要快，手要到脚尖，但要求高速连续完成15~20次或更多次，也可以要求在单位时间内（如20秒）完成最高次数。身体呈俯卧姿势，手脚向两端伸展，形成直线，腰部贴在垫上不留空隙，全身用力，静止10~30秒。

俯卧挺身：上体与腿同时后上挺起，注意膝盖伸直。也可请别人帮助压住小腿，上体用力后挺起。

推脚：练习者仰卧，双手抓住站立在自己头后的同伴的脚腕，用力举腿，腰背尽可能不离地，膝关节伸直，落下时后脚跟尽可能不要落地，同伴则用力将其脚往下推，连续30～40次。

仰卧屈膝举腿：两手向后上举抓住垫边。举腿时，屈体需要叠紧，膝关节及小腿要碰到头面。

上下打腿或左右交叉：坐式，两手后撑，肘部伸直，两脚离地，直腰，做动作时膝盖要用力伸直，打腿或交叉速度要快。

侧卧挺起：侧俯，请同伴压住小腿，上体向侧用力挺起，幅度越大越好。

（2）用腰腹板练习腰腹力量

用腰腹板练习腰腹力量，效果好，进步快，因为腹肌板可以随意调整角度，便于练习时强度的控制，练习内容主要是仰卧举腿和仰卧起坐两个动作。

（3）在单杠上做腰腹练习

提膝：从悬垂动作开始，膝盖用力向胸部上提，可顺次提膝，也可以在完成提膝动作后，伸直膝盖举腿，身体和腿呈90°，保持10～20秒后慢慢放下。

举腿：从悬垂开始，然后收腹摆体举腿，直到身体的髋关节至胸部部位贴住单杠，呈倒立姿势，头部不要后仰。

（4）弹跳力的练习

负重杠铃：双脚跳、交替跳、向上跳等。

跳上高处：可选择跳栏架、跳高台等。原地屈膝收腹跳、分腿弓箭步跳、两腿同时向后屈膝跳，可将这三个动作形成一个组合各5～10次，为一组。

沙坑多级跳：双脚跳、单脚跳；跑台阶、跳台阶；草坪或软道的单双脚多级跳、一步起跳等。

4.耐力训练

在日常训练中，学生也要进行撑竿跳高相应的耐力训练，提高氧气利用率，保持较好的竞技状态。除了延长专项技术训练课的时间，增加助跑起跳、过竿练习次数外，还可以有针对性地进行一些中长距离跑步练习，如200米4～6人接力跑、400米跑、800米跑、1000米跑、0.5～1小时的越野跑等，这样的练习每周可采用一次。在结合专项技术训练耐力时，要注意安全，长时间的训练会使学生产生疲劳，因此教师应特别注意训练内容的选择，一般不要采用高难度动作，以免发生危险。同时，在疲劳状态下，动作易变形，因而对这一形式的训练要谨慎。专门的耐力训练，应放在训练课的后半部分。

（二）跳高体育训练

现代普遍采用的跳高技术是背越式技术。目前，跳高项目的男子世界纪录为2.45米，是由采用背越式技术的古巴国家队运动员哈维尔·索托马约尔保持的。

背越式跳高的动作可分为助跑、起跳、腾空与落垫四个环节。每一环节都是下一环节的准备部分，下一环节都是上一环节的功能发挥部分。跳高体育训练课堂初始，教师要给学生建立正确的完整技术概念，对学生的着地方式、上体姿态等提出要求，并贯穿于一般和专项准备活动中。起跳技术规格要求：采用后脚跟过渡到前脚的着地方式，在起跳时充分打开髋、膝、踝三关节，上体要求两肩下沉，避免耸肩或屈髋起跳而导致上下肢不能协调配合；采用双臂摆动（助跑最后一步时，双臂同时后引，在起跳过程当中经后向前向上摆起）的摆臂方式。

1. 上步摆动腿与手臂定型后放腿放手训练

原地站立，起跳腿向前迈出的同时双臂后引，随后双臂与摆动腿从后至前顺势向上抬起，完成支撑摆动。在上步支撑摆动定型后，起跳腿缓冲起跳，双臂于大腿两侧自然下放，与摆动腿下放同时进行，原地缓冲站稳，感受摆动腿下放动作。随着训练的深入，可采用上两步支撑摆动（摆动腿先向前迈出）过渡至采用连贯起跳的方式，即在双臂摆动与起跳腿支撑相互作用下，顺势完成蹬升起跳，在下落阶段下放双臂与摆动腿。起跳脚以"滚动式"着地方式，双臂自然上伸，肘关节微曲，摆动腿前摆至水平位制动，大小腿夹角及小腿与脚踝夹角保持90°。支撑摆动定型后，起跳腿缓冲并向上起跳，在自然用力下完成起跳动作，蹬升工作结束摆动腿就开始下放，双臂顺势一同自然下放。在起跳训练初期，定型起跳脚的着地方式，强化摆动腿发力效应，使学生初步形成腿、臂摆动配合，锻炼上下肢协调用力，通过有意识地下放摆动腿，形成肢体的相向运动来完成起跳动作。

2. 上步支撑—转身—起跳放腿放手训练

在支撑摆动前两步的基础上，起跳脚后脚触地后在上肢、摆动腿与骨盆的协同下，转身180°形成定型摆动动作，随后完成起跳放腿放手。起跳脚放脚路径始终向前，放脚角度合适，不能过度外斜；转身动作中，摆动转身180°要流畅，躯干始终绕垂直轴转动，缓冲蹬升充分，随后下放摆动腿与双臂。训练初期，应使学生形成绕垂直轴转动的有意识发力，初步建立转动动力，进而更好地在助跑起跳中完成转身动作。

3. 直线助跑—起跳—放腿放手训练

慢跑 3～5 步，倒一步时起跳腿着地蹬升，在此过程中双臂从后经体侧向上挥摆，摆动腿顺势前摆至制动后自然下放，双臂与摆动腿协调配合并同时下放，双脚落地后缓冲站稳。助跑自然放松，起跳时有意识地关注着地方式，蹬升阶段充分伸展下肢三关节，双肩下沉。双臂摆动要求在倒二步时同时从前准备向后引，在最后一步起跳过程当中向上摆起。重心下降阶段，两臂逐渐下放至身体两侧即可。教师应指导学生搭建跑跳衔接技术，并在此基础上形成摆动腿的自然下放动作，并使上下肢协调配合。

4. 直线助跑—起跳—转身放腿放手训练

慢跑 3～5 步，起跳脚沿助跑方向向前迈出，肢体从起跳至离地腾空到最高点逐渐围绕垂直轴转动 180°，两臂及摆动腿协助肢体旋转摆动后共同下放，双脚同时落地后缓冲站稳。在训练的基础上，起跳脚保持朝前，助跑起跳保持在同一路径，起跳转体流畅自然，转体 180° 后顺势放手放腿，缓冲站立。学生通过内力调节身体的位置，在基础动作结构上发展自身起跳与转体相结合的专项技能动作能力，为起跳时背对横杆的肌肉用力创造良好条件。

5. 直线助跑—起跳—坐垫训练

训练初期进行 4 步助跑，摆动腿先迈出第一步，要求起跳脚必须沿助跑方向放脚起跳，起跳后向助跑的前上方腾起，空中绕纵轴向内旋转 180° 坐上垫子（垫高约 1 米），上垫的瞬间，两手下放至身体两侧扶垫，上体基本正直。训练初期可采用行进间 4 步坐垫，助跑路径稳定向前，起跳时放脚尽量朝向垫子；随着训练的深入，可加长助跑距离及起跳点与垫子的距离，有向前"抛出去"的发力意识，而非减速制动、降低重心式地垂直蹬摆起跳。教师应巩固学生对迈脚方向的心理意识，强化其起跳的动作结构及向内旋转的技术能力，使其初步建立跳杆衔接技术。

6. 弧线助跑—起跳—转身放腿放手训练

预先设置弧线的启动点与起跳点，在弧线上助跑 4～6 步，起跳脚踏上起跳点后，肢体围绕纵轴转动 180° 至正对弧顶，两臂及摆动腿协助骨盆旋转摆动后共同下放，双脚同时落地后缓冲站稳。弧线助跑要求学生身体适当内倾，外摆臂应大于内摆，后两步依然按照弧线曲度进行助跑，防止跑成直线，起跳时采用双臂摆动，最后一步起跳脚放脚低而平并滚动着地，向前上方起跳后转体约

180°，至腾空后将双臂与摆动腿同时下放，缓冲站稳。教师应训练学生将背越式跳高弧线助跑与起跳旋转技术相结合，进一步完善技术。

7. 辅助持续挺髋训练

学生屈腿平躺在垫上，教师用双手手掌抓握训练学生的脚跟；学生的脚后跟下压，通过借力持续挺髋，此时教师向前上步平推，促使学生形成肩肘倒立姿势（双手不扶腰）；随后教师上步前推学生的小腿，在前推的作用力下自然形成后滚翻动作。首先教师训练学生主动发力下压脚跟，通过借力点促进髋部发力形成挺髋姿势，其次教师平推使学生形成肩肘倒立，最后教师推开学生小腿时要短促有力，使学生产生向后滚翻的推进力。在教师的辅助下，学生可以更好地体会持续挺髋动作的肌肉发力感，形成正确安全的落垫技术。

8. 原地双脚起跳—倒垫训练

学生背对垫子并保持适当间距，两脚自然开立，双臂预摆，双腿屈膝半蹲向后起跳倒垫，腾空后顺势抬头、挺胸、挺髋，双臂摆至最高点后自然下放至身体两侧，接着微收下巴，肩部着垫后持续伸展髋部，并带动小腿反弹过头顶，随后利用惯性向后滚翻。训练初期从背部着垫收腹举腿，逐渐过渡到肩部着垫挺髋动作。腾空后，两小腿自然放松，脚跟尽量靠近臀部，减小摆动半径，增加挺髋幅度；双臂从后往前划弧向上摆起，用双臂将身体"端起来"，摆至最高点制动并同时下放至身体两侧，落垫时不收腹，保持持续伸展。教师应使学生适应背向过杆和肩背落垫的动作结构，包括空中持续伸展髋部、双臂在腾空后的下放动作以及落垫后的自我保护机制。

9. 单腿支撑—起跳倒垫训练

学生背对垫子，起跳腿单腿支撑，双臂与摆动腿上摆至定型；随后起跳腿缓冲蹬升起跳，腾空后顺势抬头、挺胸、挺髋，双臂从头顶下放至超过髋部后双手扶垫，摆动腿保持不动，起跳腿随势屈腿向上抬起，肩部着垫后持续伸展髋部。对初学者来说这一训练较为困难，当背向双脚起跳倒垫训练较为熟练后，才可进行这一训练。双臂向上伸展，双手高度超过头顶，起跳蹬升充分，单腿稳定支撑后准备起跳，起跳腾空后双臂下放自然。这一训练逐渐接近背越式跳高单腿起跳过杆的完整技术，在双脚起跳倒垫的基础上增加难度，单腿起跳腾空较低，能够进一步加强持续挺髋能力及上下肢的协调配合。

10. 行进间 2 步单脚支撑—转身放腿放手倒垫训练

学生正对海绵垫方向行进 2～4 步，最后一步起跳脚着地后，控制肢体向内旋转 180°，转至背对跳高垫，保持双臂向上伸展，摆动腿摆至齐腰高，待定型后，做双臂与摆动腿下放动作的同时仰头倒肩挺髋，将肩背部后倒至海绵垫上。随着原地单脚起跳—倒垫训练的深入，在转身背对海绵垫定型后，做单脚起跳—倒垫训练，学生向上腾起倒向垫子，摆动腿与手臂下放，肩背着垫，着垫后依然持续挺髋动作。教师应初步搭建学生在助跑起跳与杆上动作衔接的训练，使学生掌握好下放双臂与摆动腿的时机。

11. 直线助跑—起跳—过低杆训练

学生正对横杆，助跑 4～6 步，起跳腿沿助跑方向放脚起跳，起跳后有意识地向横杆"抛出去"，腾空后向内旋转背对并越过横杆坐至垫上，确保肢体在杆上的动作表象是朝向来时方向。在初期训练起跳技术的基础上加速助跑，起跳后绕纵轴转体 180° 并举腿收腹，抛越过横杆。训练初期可采用橡皮筋替代横杆，随着训练的熟练，可加长助跑距离及起跳点与垫子的距离。教师应在越过横杆的环节中，巩固学生的起跳技术，随着助跑距离与起跳点距横杆距离的加长，培养学生"抛越横杆"的起跳意识。

12. 斜线助跑—起跳—过低杆训练

学生站在与横杆 30°～40° 夹角方向（放有标志）助跑 6 步，要求起跳脚必须沿助跑方向放脚起跳，起跳时肢体绕纵轴旋转 180°，起跳后有意识地抛越过横杆，确保在杆上腾空阶段已朝向来时方向，最终坐至或躺至垫上。斜线助跑是从助跑方向出发，在起跳后依旧旋转至来时方向，转动角度为 180°。训练初期可采用橡皮筋替代横杆，随着训练的熟练，可加长助跑距离及起跳点与垫子的距离。在直线助跑—起跳—过低杆训练要求的基础上，增加起跳点与横杆之间的空间位置，强化起跳"躲杆"的意识，逐渐向完整起跳技术接近；通过建立抛越横杆与绕垂直轴转动的意识，来改进学生起跳过早倒体的错误动作。

13. 倒 U 形弧线助跑—起跳—过低杆训练

预先设置启动点与起跳点为倒 U 形弧线，启动点与起跳点在同一条垂直线上，助跑距离约为 6～8 步，起跳腾空后转为背向横杆后，同时下放两臂及摆动腿，从助跑开始到过杆过程中眼睛始终盯着横杆，保持在杆上形成向起跳腿异侧肩转头侧视的过杆姿势。从助跑开始始终保持身体内倾，将注意焦点集中于如何避开横杆上，无论是否准确踏上起跳点都要敢于完成起跳过杆，弧线的设置采用半径为4米左右的弧线曲率。学生在持续弧线助跑的状态下，能够形成简洁自然的过杆姿势，建立外部注意焦点能够使学生更高效率地完成背越式跳高技术的学习。

（三）跳远体育训练

1. 专项速度训练

跳远的助跑速度与百米短跑的速度是不同的，它要求有一定的助跑节奏，为了保证准确踏上宽仅仅20厘米的起跳踏板，并且保证较高速度地起跳，教师在跳远专项速度训练过程中除了发展学生的绝对速度保证助跑速度利用率外，还要在学生的加速能力、保持速度能力以及助跑的节奏、步长、步频方面下大功夫。也就是说，跳远的助跑要求学生有非常强的加速能力，加速完毕后还要有相对较高的保持速度的能力，在加速和保持速度的过程中还要有稳定的节奏，而且要具有很强的保持步长、加快步频的专项能力。

（1）站立式30米跑、60米跑、100米跑

短距离加速能力的最直接体现就是30米加速跑的速度。30米跑是检验学生跳远加速水平的一项非常重要的专门能力。60米跑反映的除了学生在短时间内的加速能力之外，还直接体现了学生达到最高速度之后保持速度的能力。由此推出，100米跑除了能反映学生的跳远加速能力和保持速度能力之外，其成绩的好坏还反映着学生的各项快跑能力指标。故30米跑、60米跑、100米跑是跳远运动专项速度训练行之有效的方法。

（2）通过各种方法保持（加大）步长，提高（保持）步频

包括高抬腿转加速跑练习、先下坡助跑再接平地助跑4～8步的练习、逐渐加速到最大速度的助跑练习、顺风助跑练习、腿部负重物快跑练习、拖重物加速跑练习、蹲踞式起跑加速练习、计时后蹬跑练习、计时高抬腿跑练习、上坡跑练习等。此外，还以采用连续助跑练习、跑过间距为1.5～2米标志物的练习来发展学生的步频。

（3）全程助跑接起跳练习

学生应进行大量的全程助跑练习，在全程助跑过程中能够将加速能力、保持速度能力等逐渐利用起来。学生通过大量的全程助跑练习，能够形成适合自己特点的加速方式和助跑节奏，形成助跑的动力定型，保证踏板的准确性，确保起跳的顺利完成。

（4）结合起跳动作的摆动练习

学生的速度不仅仅包括体现移动能力的助跑速度，还包括起跳过程中的动作速度。快速屈膝缓冲和蹬伸需要以起跳腿的快速力量作为支持，与此同时，为了快速有效地完成起跳，摆动腿以及双臂的摆动则是确保快速起跳效果的关键，所以在基本力量训练的基础上，教师要对学生的摆动腿和双臂的摆动动作速度和幅度进行训练。常见的训练方式为模仿跳远起跳动作进行负重摆腿摆臂与不负重摆腿摆臂的交替练习，此类训练是在保证动作规格和动作幅度的前提下，提高摆动速度，最终使学生形成摆动动作的动力定型。

2. 专项力量训练

跳远专项力量训练在有些方面与速度训练是相契合的，尤其是在起跳瞬间，要求有快速起跳的能力，也就是说必须具备较高的快速力量能力才能保证快速起跳，但起跳动作不仅仅包括起跳腿的缓冲蹬伸能力，还包括摆动腿和双臂的摆动能力，所以此时的动作速度的基础除了专项快速力量能力之外，还要具备较快的动作速度，从而保证起跳各动作的紧密衔接，确保整个起跳动作快速有效地完成。

踏板动作是助跑和起跳相互配合、相互衔接的关键环节，还原最后一步的踏板动作可以看出，最后一步踏板瞬间，当大腿下压快速踏跳的同时，小腿还应该积极带着脚掌做快速向后扒地动作，这样才能瞬间产生向后的移动速度，确保助跑水平速度的延续。要想快速完成起跳，起跳腿就必须有一定的快速踏板速度，而腿部肌肉中的臀大肌和股后肌群在运动的过程中有伸大腿和屈小腿的功能，所以臀大肌和股后肌群的收缩发力速度以及力量水平对踏板的时机、踏板速度和起跳效果起到重要的决定作用。

在起跳瞬间，起跳腿由离心工作快速过渡到向心收缩工作，并且为了达到快速起跳的效果，就必须快速结束踏板瞬间肌肉的离心收缩并迅速过渡到向心收缩的蹬伸工作中。所以在快速力量的训练过程中，应该着重进行起跳腿离心收缩和向心收缩交替快速转换的动作练习，此类练习主要提高起跳腿肌肉由被动拉长到主动收缩的快速转换能力。所以说，起跳腿以最快的速度完成与地面接触时的缓冲动作并马上开始蹬伸是获得最佳起跳垂直速度和水平速度、提高起跳效果的关键。

起跳并不单单依靠起跳腿的屈膝缓冲和快速蹬伸，还要依靠各个环节的协调配合。专项速度练习中对双臂和摆动腿的摆动速度加强训练有利于提高起跳效果，而摆动速度的快慢一定意义上是以力量为基础的。所以在训练过程中要加强摆动腿和双臂的力量练习，特别是配合与起跳动作模式相契合的摆动力量练习，从而为快速有力地起跳创造绝佳的条件。

3. 助跑速度和节奏的训练

在速度训练过程中，应该注意以下几点：①助跑的技术与短跑略有差别，跳远在跑时必须保持上体正直和高抬膝的动作；②短距离跑时，在最后阶段应适当缩小步长和加快步幅，为起跳做好准备；③短距离跑时，最后阶段的步频应明显加快；④运动技能的形成均是循序渐进的，应根据学生的身体特点、年龄以及掌握技术的能力制订合理的训练计划。上述训练手段可以加快学生的助跑绝对速度，提高其助跑速度利用率，使其掌握正确的跳远助跑技术，减少跳远起跳踏板时水平速度的损失。

助跑节奏的训练有如下几个方面：①下坡跑和顺风跑。进行长35～45米、坡度3°～4°的下坡跑，利用向前的惯性或借助顺风的推动力练习速度。②听节拍跑。原地或行进中做高抬腿跑，听到教师信号后，突然加快频率跑6～8步。③在助跑道上后6步每步之间放置标记进行全程助跑练习。在助跑最后6步必须按照一定的节奏助跑，有助于使助跑的最后六步接近平跑，克服最后几步减速和拉大步幅的问题。④在跑道上放置栏架4～5个，间隔8.5米左右，连续助跑起跳过栏架，体会每个栏架之间的快速节奏。

4. 起跳训练

跳远起跳技术是身体从助跑水平移动到抛射运动转变的关键技术环节，能够有效地把助跑的最大速度通过踏板起跳腿的蹬伸以及摆动腿的积极上摆，产生最大腾起速度和腾起角度，而这个转变过程必须有起跳腿的蹬伸和摆动腿的积极配合。因此在跳远起跳技术练习过程中，应加强起跳腿蹬伸力量以及摆动腿速度练习。

起跳能力训练主要包括如下几个方面：①踮步跳；②连续起跳；③助跑五级单腿跳；④助跑五级跨跳；⑤反应速度起跳练习；⑥摆动腿动作速度练习；⑦牵拉摆腿向上练习；⑧助跑摸高和跳深练习。练习中特别注意提高动作速度，以便能和快速起跳相结合。

起跳技术训练主要包括如下几个方面：①模仿练习；②上步起跳练；③中、短程起跳练习；④3～5步连续起跳练习；⑤蹲踞跳跃练习。

（四）三级跳远体育训练

三级跳远项目是在经过助跑之后，按规定顺序进行单脚跳、跨步跳和最后跳跃三个紧密衔接的跳跃动作组成的快速力量类运动项目，是田径跳跃项目中的一项。三级跳远项目动作结构比较复杂，对学生的身体素质与技术水平都有较高的要求。随着三级跳远竞技水平的不断提高，只有不断优化三级跳远项目的训练手段，学生才能够在尽量短的时间内获得尽量大的训练效益。

下肢爆发力的大小是直接决定三级跳远运动表现好坏的重要因素之一。力量训练的目的是服务于速度和爆发力训练，并最终提高运动表现。三级跳远在快速助跑后需要完成各种跳跃动作，因此必须具备快速用力的能力，即下肢爆发力。因此，学生想要三级跳远取得最好成绩，就必须选择最佳的训练方法和训练手段，从而提高自身的下肢爆发力。在运动过程中，三级跳远运动技能的表现由机体的快速力量决定，三级跳远在各个技术环节中展现出来的动作质量也受机体下肢爆发力的影响。

在三级跳远的日常训练中，想要提高三级跳远下肢爆发力的最大力量指标和专项速度指标的测试成绩，可以根据实际情况将传统恒定阻力训练和弹力带变阻训练这两种训练方法结合练习。想要提高三级跳远下肢爆发力的纵跳摸高能力指标和专项基础能力指标以及专项的测试成绩，可以根据学生的个人情况以及训练目标，在力量抗阻训练中多进行弹力带变阻训练。想要提高三级跳远下肢爆发力的专项跳跃能力指标和下肢的峰值功率的测试成绩，可以根据三级跳远项目的专项技术特点，在传统恒定阻力训练中加入与专项技术紧密结合的相关弹力带训练手段，科学合理地进行弹力带变阻训练。

二、跳跃类田径项目体育教学实践

（一）教学目标

根据体育教学的特点、体育教育专业的培养目标的要求以及体育院校课程教学大纲中田径项目体育技术教学的要求，跳跃类田径项目体育教学的教学目标如下。

在知识与技能方面，通过教学，学生能够明确跳跃类田径项目体育训练的重难点，能够准确地描述完整的跳跃类田径项目以及关键分解技术的技能动作要点，提高技术动作规范以及动作质量，具备讲解示范与教授跳跃类田径项目的能力。

在过程和方法方面，通过混合式教学模式的运用，学生能够掌握跳跃类田径项目的现代化教学手段与组织方法，以便拓宽教学视野、丰富课堂学习体验，并锻炼培养学生的综合实际应用能力。

在情感与态度方面，提高学生学习技能的意愿，活跃课堂学习氛围，培养学生自主学习、认知和团队合作等方面的能力，使学生感受到良好的学习体验与情感态度。

（二）教学内容

现对跳高项目的课程教学内容举例说明。跳高课程的教学要逐步进行，一步一步教会学生跳高的技术。

①初步学习起跳。包括学习摆臂摆腿技术、上一步起跳技术、上两步起跳技术、四步助跑起跳技术。学习原地过杆动作，练习背弓动作；原地倒肩挺髋辅助练习、原地背越式跳高。

②进一步学习原地过杆动作，原地背越式跳高；进一步学习起跳技术、四步助跑起跳、弧线助跑。初步学习弧线助跑与起跳相结合技术，面向跳高架弧线助跑。

③复习原地过杆动作。原地背越式跳高；进一步学习弧线助跑与起跳相结合技术、四步助跑起跳、弧线助跑、面向跳高架弧线助跑；学习弧线助跑起跳上高垫。学习半程助跑过杆技术——四步弧线助跑起跳过低杆。

④进一步学习弧线助跑起跳上高垫。进一步学习半程助跑过杆技术、原地背越式跳高技术、四步助跑起跳、面向跳高架弧线助跑、面向跳高架弧线助跑头触高悬物；学习背越式跳高弧线助跑技术及丈量方法、全程助跑步点丈量方法。

⑤学习背越式跳高过杆完整技术。4～8步助跑起跳过杆练习。

⑥完善弧线助跑起跳。面向跳高架弧线助跑头触高悬物，完善半程助跑过杆技术、原地背越式跳高技术、弧线助跑起跳上高垫技术，改进背越式跳高过杆完整技术。

⑦巩固半程助跑过杆。包括原地背越式跳高技术、弧线助跑起跳上高垫技术。

⑧改进全程背越式跳高过杆。4～8步助跑起跳过杆练习。

⑨巩固弧线助跑与起跳结合。弧线助跑起跳、弧线助跑起跳上高垫。

⑩完整背越式过杆（助跑8步）。原地背越式跳高技术、4～8步助跑起跳过杆练习。

⑪复习巩固弧线助跑起跳、弧线助跑起跳上高垫、原地背越式跳高。背越式关键分解技术评定考核。

⑫复习巩固完整背越式过杆（助跑8步）。背越式跳高完整技术评定考核。

（三）教学实施

教学实施必须符合开展教学的实际情况，包括线上和线下两个方面。

第一个方面，线上教学环境。线上网络学习环境是跳跃类田径项目体育教学的必备条件，手机作为通信社交工具已经是当代人的必需品，符合线上教学实施的条件。线上网络教学使用的是手机微信软件中的微信群功能，教师在教学课程开始之前，建立班级微信群，要求学生全部进群并在微信群中进行姓名备注，方便后期学生回答相关问题时，教师可以对每一位学生的学习情况进行针对性的了解。

第二个方面，线下教学环境。线下课堂面授的教学可以在田径馆内进行，不受天气等因素的影响，方便跳跃类田径项目体育教学过程中的分组练习及讨论。教学过程中所需要的器材齐全，能够确保教学过程顺利地实施。

（四）教学方法

1. 分层教学法

"分层"为层序分明的意思，就是说要建立科学、合理的分界点，而分层教学是指由于受遗传性、家庭教育及社会环境等各种因素的共同影响，个人在发展过程中存在着不一样的生理现象、心理现象及个体差异。教师在分层时要根据学生的自身认知能力和掌握能力，在教学内容、教学手段、教学过程上结合学生的实际情况做出相应的调整，在进行课堂教学时对各层学生做出有区别的课程设计。

分层教学法不仅能提升学生的身体素质、专项技术、运动成绩，而且在掌握运动技术、学习动机方面效果更为明显。分层教学法不仅可以提高学生的学习动机，还可以培养学生的学习兴趣，端正学习心态，而且可以在教学过程中发掘学生的潜在才能。与传统教学法相比，分层教学法更具有针对性，能根据学生的个性差异因材施教。分层次教学法的运用强调学生的主体地位，以"一切为了学生、为了学生的一切"为根本出发点，并针对学生的差异性实施个性化教育，从而加强了学生的全面发展与个性发挥。从学生自身特性来看，此教学方法的运用可以让学生更积极主动地投入课堂的教学活动，从而为学生全方位蓬勃发展打下了较好的基础。以下以挺身式跳远为例，介绍分层教学法的具体应用。

教师在上课前要对每层学生分别进行具有针对性的教学内容设计，要规划好教学过程中的任务分布（A层：精通掌握挺身式跳远完整技术；提高挺身式跳远的速度素质和专项技术；提高挺身式跳远的运动成绩。B层：熟练掌握挺身式跳远的完整技术并完成各个阶段的练习任务；提高挺身式跳远成绩；提高学生对挺身式跳远的学习兴趣。C层：按教学大纲基本要求教学，基本掌握挺身式跳远的完整技术；提高学生对挺身式跳远的学习兴趣）。在做完基本准备活动后，教师可以对学生进行情境引入，按照划分的层次排队站好，以提问的形式对学生进行引导，并展开对挺身式跳远来历、背景、技术动作等的相应介绍，使学生相互交流，调动学生的学习欲望，提升对此项目的学习兴趣。

教师分配A、B、C层的教学任务及教学目标，首先进行动作示范，然后进行教学。例如，教师带领学生进行原地起跳练习后，随机在每个层次选取3名学生进行动作示范，并让全体学生一起进行原地模仿练习，然后教师结合各层学生的技术动作讲解并纠正同学们的技术动作，之后进行分层教学。因A、B层学生基础相对于C层来说较好，为了让C层学生不掉队，教师由C层学生开始进行教学、纠错、指导，A、B层学生分别由两名助理教师带领进行原地练习。首先观察C层学生的基本技术动作，并对不敢试跳的学生进行针对性训练，如放置弹簧起跳板等，使学生勇于尝试，然后集合C层学生，纠正学生的错误动作。教师应要求C层学生动作不要太过僵硬，摆动腿与双臂下放后摆要到位，上下肢配合要更加协调。C层学生基本学会技术动作后，教师提出问题"怎样起跳在比赛中算违规"让学生进行思考。接着教师就开始对B层学生进行教学、纠错、指导，要求B层学生动作更加自然，摆动腿或双臂只有一项下放后摆要基本到位，上下肢配合要自然，不要紧张。B层学生基本掌握技术动作后，教师提出问题"该如何掌握起跳时机"让学生进行思考。最后对A层学生进行教学、纠正、指导，要求A层学生动作轻松自然，摆动腿与双臂下放后摆到位，上下肢放松且协调配合。A层学生基本掌握技术动作后，教师提出问题"挺身式跳远的起跳角度是多少"让学生进行思考。然后集合所有学生进行各层成果展示，交流感受。最后各层学生自推2名学生完成技能动作演示，其他同学注意观摩，并提出其不足之处。各层展示结束后，由各层选派1位学生总结学习体会并与大家共享。在此过程中，教师与学生之间、学生之间进行着观念和思维上的互动。

在课程结束部分，教师总结，学生反思。教师集合学生，对每个层次学生的学习程度进行总结，指出各层学生存在的问题，让学生课下认真思考教师对各层提出的相应问题，每个层次之间的学生可以相互交流、沟通。教师还应根据学生的表现情况给予适当的表扬和批评，增强学生信心，激励学生进步。针对个别学生，教师要给予特殊照顾。在集体教学时，教师主要根据各个层次学生的普遍掌握程度加以授课，而不能顾及每一个学生的体验，一个接受能力薄弱的学生也许学起来会更加吃力，甚至逐渐没有了学习的兴致。在这种情况下，教师可以采取个别教学的方式，使学生及时查漏补缺。

课下小组合作学习。教师应设立课下学习小组，助教也可跟随课下小组进行学习交流，有利于使班级形成互帮、互助的良好氛围，学习彼此的优点，克服学习上的困难，从而缩短各层次之间的差异。课下学习小组的成立，就是为了促进"强带弱、弱促强"的互帮互助的格局形成，激发学生的学习动机，增强他们的学习兴趣，从而使其养成互助合作的精神。

2. 混合式教学法

混合式教学法是一种线上以微信群为教学平台，教师上传体育训练教学视频以及技术动作规范描述，并提出相关技术问题，结合线下体育教师的动作示范讲解，学生进行练习，练习后教师组织学生再次观看教学视频并提问，学生口头踊跃回答，而后学生以小组为单位相互拍摄技术动作视频，共同协作学习的混合式教学模式。

混合式教学法的教学效果好于传统的线下教学法，这与混合式教学法大大提高了学生对体育训练的参与度有关。混合式教学法的实施得到了学生的支持，不但活跃了课堂学习的气氛，而且培养了学生自主学习、认知与团结协作的能力，增强了学生掌握技能的自信心，同时学生期望可以将该教学法运用到其他项目课程的教学中。

混合式教学法与传统的线下教学法都能很好地落实跳跃类田径项目体育训练与体育教学的教学目标，但混合式教学法的课前线上网络与课堂组织学习的方式优化了跳跃类田径项目体育教学的过程与方法，在学生技术动作完成的标准性以及情感态度目标方面优于传统的线下教学法。

（1）课前线上网络教学阶段

在进行课堂教学的前一天，教师将跳跃类田径项目体育教学资源提前上传至微信群，构建线上网络学习的情境，使学生在课前完成教学技术动作视频的观看。在线学习安排学生回答相关技术问题的环节，提高了学生对学习技能的兴趣和参与度，从而调动学生积极主动建构与掌握学习技能的意识，让学生在头脑中形成一种清晰的跳跃类田径项目的动作表象，为线下跳跃类田径项目体育教学技术动作面对面的教学打基础、做铺垫，使学生带着认知进课堂。

（2）课中线下课堂教学阶段

线下课堂面授的教学过程始终是体育技能教学中的关键，是师生相互学习与进步的重要方式。所以在线下课堂教学阶段，教师可以继续沿用传统线下授课的教学方法，采用教师动作示范、学生模仿的形式进行教学。教师也可以通过学生线上的学习反馈，有针对性地指导学生规范与掌握技术动作，以协作学习理论为支撑，通过合理分组，培养学生多方面的基本能力，增强学生参与跳跃类田径项目体育学习的主观积极性。该阶段由准备、基础和结束三个部分构成。

准备部分主要是进行跳跃类田径项目体育课堂常规性工作安排，包括班长提前准备好课上所用器材、检查学生穿着等，然后教师宣布本次课的主要教学内容，安排班长带领学生开展热身活动。

跳跃类田径项目体育教学的基础部分主要进行如下教学：①教师动作讲解示范，组织学生练习。教师根据微信群中上传的跳跃类田径项目技术动作视频，结合学生线上问题回答情况总结出共性问题，从而进行跳跃类田径项目技术动作的讲解与示范，学生练习。在讲解示范的过程中，教师有针对性地解决学生线上学习存在的疑点与问题。②再次观看教学视频，学生口头回答跳跃类项目技术问题。练习之后，教师组织学生再次观看教学视频，并选取线上相关回答理解较为模糊的问题，再次进行提问。该环节一方面是为了对学生在课前微信群中的学习情况进行检查，使学生能够正确讲述出相应技能动作的基本要领；另一方面是为了使学生在后续的小组学习中带着问题展开技术动作的练习，使其更有目的地进行练习，引导学生自主思考以解决困难。③异质分组练习，教师巡回指导纠错。教师根据课前线上技术问题回答的情况，将学生进行异质分组，每组设一名组长，负责带动小组之间的学习、管理本组的学习秩序。与此同时，在练习过程中，教师进行巡回指导，给予学生关键技术的指导。④小组之间拍摄视频，相互改进纠错。教师在进行巡回指导的过程中，了解学生跳跃类田径项目动作完成情况，组织小组成员互相拍摄动作视频后，互相观看、互相讨论与点评、互相纠错，促进学生进行协作学习，最后教师对小组成员进行针对性或总结性的点评。

结束部分让学生放松，同时教师总结本次课的情况，针对学生常出现的问题提出解决的方法，表扬表现好的学生，同时鼓励表现较差的学生继续努力。

（3）课后复习巩固阶段

在课后复习巩固阶段，学生在课余时间将课上学习的跳跃类田径项目技术动作进行复习与巩固，除此之外，不再进行其他学习任务的安排。

第三节 投掷类田径项目体育训练与教学实践

一、投掷类田径项目体育训练

投掷类田径项目包含铅球、铁饼、标枪和链球四项,是田赛的重要组成部分。

(一)铅球体育训练

铅球项目属速度力量性项目,强调在完成技术动作的过程中,动作速度与身体重心位移速度合理配合。

投掷铅球的过程,是先做好准备姿势,再不断加速,到最大速度时将球推出。要想取得好的投掷成绩,这个过程速度必须快,这就需要肌肉具备较强的力量和速度,即肌肉的爆发力。从解剖学角度分析,影响肌力的主要因素有肌力的生理横断面和长度。通常采用附加各种阻力的动力性练习和静力性练习来增大肌肉的生理横断面,而通过适度的拉伸练习来增加肌肉的长度,这样就可以从两个方面使肌力得以增强。在铅球专项力量的练习初期,必须循序渐进,先做一些小负荷的练习(约为最大负荷量的一半左右),再逐渐增加到最大负荷量。为了提高爆发性的肌力,应以能用最快速度做练习为原则,如用自己最大负荷量的75%～85%,以最快速度的4～6次或用接近最大负荷量的85%～100%进行推铅球动作的练习。需要强调的是,身体运用多余的肌肉力量非但不会提高运动成绩,反而会影响运动成绩。因此在专项力量练习中,要使身体各部位肌肉的合力方向与投掷铅球的施力方向保持一致。

①摆腰。摆腰用以增强转体能力,具体动作是:双膝微屈,双手握住杠铃片,杠铃片与身体的距离越大越好,之后躯体左右转动,幅度要大,速度要快。开始时用65%的强度,快速反复做10～20次,渐次增加强度、减少次数,共做6～8组。

②卧推。卧推的关键是握距,最理想的握距是与肩同宽,这样在练习的时候,力的方向就会与铅球投掷的方向一致。在做卧推时,一般做5～10组。

③全蹲和半蹲结合。腿是投掷铅球的发力根基,因此铅球训练者的腿不但要有劲,更要有爆发力。全蹲练习,运动幅度过大,虽然能够充分地拉伸肌肉、增强肌力,但实际运动中较半蹲动作更少使用。在做半蹲动作时,屈膝角度要比推铅球时的角度大10°,屈伸方向要与腿部发力方向一致,这样才会使腿部的爆发力更集中,投掷距离更远。

（二）铁饼体育训练

铁饼项目是一项技术性很强的速度力量型旋转投掷类项目，强调技术动作和加速节奏的合理性以及动作速度和身体位移速度的有机结合。

在掷铁饼运动中，最大力量是基础，快速力量是核心。力量训练与运动量的合理结合是非常重要的。快速力量是受最大力量、爆发力和起动力量制约的，只有三种力量素质都得到发展，快速力量才能提高。在掷铁饼动作中，肌肉用力都是在特定时间内、特定方向上以及特定用力程度上进行的。专项力量是专项的基础，是为专项服务的，而专项力量与专项能力是直接为专项技术服务的。所以，找准专项力量训练手段与训练方法是掷铁饼力量训练中的关键。

掷铁饼的专项力量训练根据不同的训练水平和层次又分为专项基础力量、专项技能力量和专项投掷力量。专项基础力量主要是指完成专项技术动作需要的最大力量和最大功率，主要的训练手段包括抓举、挺举、高抓、高翻、快挺、卧推、半蹲、深蹲、蹲跳、跳深、蛙跳、立定跳远、立定三级跳远、多级跨跳等；专项技能力量主要是指完成技术动作需要的最大功率和爆发力量，主要的训练手段包括转体、仰卧扩胸、杠铃轮摆、连续转髋、仰卧单臂挥片、连续挥片、原地鞭打、肩负杠铃片旋转、徒手连续旋转等；专项投掷力量主要是指完成专项技术动作需要的爆发力量和速度力量，主要的训练手段包括投壶铃、后抛铅球、前抛铅球、高抛实心球、旋转推实心球、侧抛铃片、投重器械、轻投器械、对网投胶球等。掷铁饼项目的专项力量训练手段和方法是多种多样的，教师可根据专项需要选择行之有效的适合学生个体的训练方法与手段，以此来提高学生的专项训练水平。在训练过程中，应特别注意一般力量训练与专项力量训练相结合、专项力量训练与专项技术训练相结合，训练手段的合理搭配直接关系着专项成绩的提高。

（三）标枪体育训练

投掷标枪的完整技术由握枪、持枪助跑、最后用力、缓冲和标枪飞行五个部分组成，而投掷步和最后用力阶段是影响投掷成绩最为关键、最为主要的部分。投掷步包含跳跃、奔跑和混合三种情况，运用混合投掷步的人数占比较大，这样灵活的混合方式能够帮助学生保持一个相对较高的速度，运用合理的转化方式，将运动动能转化成势能，尽可能高效地完成最后的引枪动作。同时，混合投掷步在最后用力阶段还能够完成超越器械的一个姿势，给予最后阶段更好、更充分的准备。按照这种混合方式，可将持枪助跑划分为交叉步环节以及最后的标枪出手环节。投掷步的第一步是从跑步开始，左脚放到第二标记线上，直到右脚接触到地面；第二步指的是从上一个阶段到左右脚交换的瞬间；第三步的交叉步是指从第二步的左脚到右脚的时刻；投掷步的最后用力步骤是指从第二个右脚着地到左脚离开地面。

标枪加速的主要环节是在最后用力阶段，标枪在此环节的速度占器械出手速度的70%左右。充分利用助跑阶段的速度是标枪最后用力技术的任务，将最大的表现力量作用于标枪的纵轴上，在一定的做功距离内使标枪沿合理的出手角度在瞬间达到最高速度进行飞行。最后用力技术是标枪运动最为典型的一项技术参数，也是整套动作的关键和重点，对标枪运动的综合成绩具有重要的影响。从运动阶段来划分，最后用力阶段主要是指开始于第二步交叉步，右脚着地到最后缓冲用力的阶段，这个阶段需要调整自身的身体姿态，利用前一阶段助跑所积累的力量，将运动动能转化成弹性势能，转化成标枪飞出去所需要依托的力。在最后用力过程中，左臂的动作也起着不可忽视的作用。为了加大肩和髋轴的扭矩，在右腿做蹬伸动作时，左侧的手臂应尽量保持在身体的右前方向。在左脚着地后，左臂沿着左上方，向着身体左侧加速摆动和适时制动，可加大胸部和右肩带肌肉的伸展，增加肌肉的张力，使躯干快速转向投掷方向，并加快身体右侧向前的速度，从而提高标枪的出手速度。

对于标枪的投掷，需要具备三方面的身体素质：技术、柔韧性和力量。决定标枪投掷远度的关键因素为标枪投掷的出手速度、力量和角度，柔韧性训练和力量训练都可以提升投掷的出手速度。标枪项目是对专项技术要求较高的运动，其技术动作较复杂，要求完成动作时的速度、节奏和协调性。

运动能力的提升对提高动作技术水平和运动成绩都是非常重要的，对此教师应较多地重视学生的一般、专项、竞技力量能力的训练。对于身体不够强壮的学生，在提高发力技术水平的同时，还需要掌握交叉步和投掷出手的时机，所有的投掷动作必须流畅以达到最佳效果。

（四）链球体育训练

在田径项目中，女子链球是我国优势项目之一，同时也是唯一一项使用双手投掷的比赛。链球项目是一种技术性非常强，通过高速旋转进行投掷的速度力量性项目，其要求技术动作简单、实用，在完整技术中要求做到"人球合一"、动作协调，平稳和良好的加速节奏是该项目的关键和重点。

掷链球的完整技术动作包括预摆阶段、旋转阶段、最后用力阶段和出手瞬间阶段四个部分。在训练中，应加强快速力量的训练，提高学生肌肉的爆发力，从而加快出手初速度；投掷链球在旋转时加大旋转半径，从而提高下肢主动蹬转能力；提高身体的协调性，优化肩关节的灵活性，使肩部肌肉尽可能地放松，从而加大轨迹长度与轨迹倾斜角；在旋转阶段增强链球与人体的稳定程度，注重高速度旋转时髋部、膝部、踝部的协调配合；合理减小膝角度数，降低身体重心；加强链球投掷中段核心力量和下肢力量的训练，提高学生控制链球的能力；加强各阶段的速度来获得最大出手初速度，出手初速度对投掷成绩至关重要。

二、投掷类田径项目体育教学实践

（一）教学目标

要让学生了解投掷类田径项目的基础知识，包括投掷类田径项目的基本概念；掌握投掷类田径项目与人的基本活动、与人的发展之间的关系；掌握投掷类田径项目基本术语、基本技术原理、基本运动损伤、裁判知识与赛事安排。

在投掷类田径项目体育教学中，教师还要让学生掌握投掷类田径项目的运动技能，且能够阐述相关原理与知识；使学生熟练掌握投掷类田径项目特点及训练方法，培养学生的制订科学训练计划能力及评价能力；培养学生的勇攀高峰、坚韧不拔、公平竞争、顽强拼搏等竞技精神；培养学生的爱国主义精神、团结协作精神及创新意识。

（二）教学内容

投掷类田径项目体育教学内容主要按照"知""会""教""训"的顺序进行安排。投掷类田径项目体育教学理论课程内容优化设计侧重于投掷类田径项目基础知识、基本技术原理、裁判知识与赛事安排等理论内容。

（三）教学实施

1.完善投掷训练场地设施

投掷类田径项目体育教学的顺利开展与完备的场地设施密不可分，因投掷类田径项目对技术的要求较高，如果在投掷练习时无法保证合理的投掷次数，即使经过专项力量及身体素质练习也不会对学生的投掷成绩起到显著的帮助，再强的身体素质没有合理技术的支撑也是徒劳无功，所以要保障投掷类田径项目有一块固定的投掷训练场地。因此，学校应协同当地体育部门落实投掷训练场地设施问题，建设供投掷类田径项目使用的室内投掷训练场地，增加专业的训练仪器设备，持续提高教学效率和竞争力，保证投掷类田径项目的持久发展和对学生的培养。

2.增加投掷训练教学经费

投掷训练教学经费作为运动训练开展的基础保障是重中之重。学校应提升投掷类田径项目体育教师队伍薪资，完善投掷类田径项目体育教师的奖励机制；严格将投掷类田径项目体育教师薪资与学历和学术水平挂钩，促进其全面发展，从而提高投掷类田径项目体育教师的综合素质；严格督促投掷类田径项目体育教师每年进行专业岗位培训，调动其学习和培训的积极性，形成一支"德才兼备""业绩突出""能力超前"的投掷类田径项目体育教师骨干队伍；夯实国家投掷传统优势项目人才培养，提高项目关注度。

3.建立投掷人才资源共享机制

学校应建立投掷人才资源共享机制，促进各地区人才交流学习，协同政府、体育部门，进一步拓宽投掷后备人才选材途径，促进投掷后备人才的可持续发展。

第七章　体育训练与体育教学模式

体育训练与体育教学互动、协调发展是深化体育教学的重要方法，体育训练和体育教学的协调发展，能够使学生更好地参与到体育运动中，促进学生身体发展的同时，确保其树立终身体育的意识，实现学生的全面发展。本章分为体育训练与体育教学异同互补、体育训练与体育教学互动模式、体育训练与体育教学协调发展模式三部分。

第一节　体育训练与体育教学异同互补

一、体育训练与体育教学的差异

相较于体育教学而言，体育训练的核心是提高学生的竞技体育能力和运动成绩。体育训练有着不同于体育教学的特点：首先，主要体现在运动对象的特殊性，体育训练适用的对象主要是运动员群体，相较于体育教学来说，该群体规模较小，但运动能力和身体素质较强。其次，体育训练具有高强度的运动负荷，进行体育训练的最终目的是最大限度地挖掘学生的运动能力，因此经常通过高强度、长时间和大量的运动，使学生的身体机能达到更高层次。最后，体育训练具有操作手段专业化的特点，针对学生制定的科学化和专业化的训练方法极大地影响着学生的体育成绩。除此之外，体育训练对学生的评价具有较强的实践性，通过对实战技术、身体机能等各方面的要素进行评价，以竞赛成绩进行最终评定，这些方面的特点都体现了体育训练与体育教学之间的不同。

二、体育训练与体育教学的共性

体育训练与体育教学之间虽然有差异性，但两者都属于体育运动，有一定的相同性，都需要在运动场地上开展，都需要体育器材的支持，都需要以师资力量作为保障。

（一）教育过程相同

尽管体育教学和体育训练有很多不同的地方，但是从根本上讲，它们的教育过程相同，都是教育者与被教育者互动的教育过程，在这个过程中，学生是主体，教师发挥主导作用。针对体育训练，体育教师需要多方面考虑，制订科学合理的体育训练计划，体育教学则需要教师根据相关的教学目标和课程标准做好体育课程安排工作。

（二）重视学生的身体健康

不管是体育教学还是体育训练，都十分注重培养学生健康的身体以及提高学生的身体素质。学生身体健康是体育教学的重要教学目标，也是进行体育训练的基础，所以两者对学生的身体健康都比较重视。

（三）具有共通性的内容

体育训练中涉及的项目很可能在体育教学中传播，也可能作为体育教学中的教学项目。而体育教学中的项目体现出了人与人之间的差别，那么这种项目就可能成为体育训练中会涉及的项目。只有当体育活动单纯地体现人的健康培养时，才是单纯的体育教学。

（四）需要人体进行运动

顾名思义，体育训练很显然是需要学生在训练过程中进行运动的，体育训练就是一个高强度的运动过程。体育教学虽然与体育训练不同，但也需要学生积累一定的运动量。体育教学涉及理论教学和体育技能培养两个板块，学生接受体育理论知识，形成体育技能的过程，就是体育运动的过程。只有在不断运动、练习体育技能的情况下，学生的身体健康才有保障，学生的身体素质才能提升。

三、体育训练与体育教学的互补

体育教学的目的就是培养学生的身体素质，进而发展学生的自然素质。提高学生身体素质的重要手段是强化学生的体质，增加训练强度。体育训练涉及更多专业的训练技能，在训练过程中运用科学的手段，在保证学生不受伤害的情况下，不断增加学生的生理负荷，提高学生的体育项目能力，从而使学生在竞赛中有良好的表现。在体育教学中，培养学生的身体素质可以借助体育训练的手段，增加学生的运动负荷。学生只有具备一定的运动负荷，才更有可能实现身体素质的提升，才能更好地发展自然素质。

（一）内容互补

体育训练主要通过安排大量的运动提升学生的身体素质，强化项目技巧，偏向于反映机械运动的特点，对训练主体来说，只能够在其中体会训练压力，很难感受到乐趣。体育教学的教学内容更简单、实用，更容易激发学生的兴趣。因此，在体育训练中，也应该适当地引进体育教学理论，借鉴体育教学内容，丰富体育训练内容，提高学生的训练兴趣，使学生在高强度的训练中也能适当放松自己。另外，在体育教学过程中，如果只是简单地以锻炼学生身体为主，不考虑其他教学目标也不行，还需要进行一定的体育项目训练，而这些体育项目训练又需要借助体育训练的相关技巧进行指导，还需要根据学生的体育学习情况，适当地增设体育训练内容，强化学生的身体锻炼。结合体育训练的体育教学内容和手段，更符合新时代下对体育教学提出的要求，更有利于学生形成良好的体育意识和身体素质。

（二）方法互补

体育教学相比于体育训练，更倾向于理论知识的传授，也就导致很多教学方法和教学理论没有办法通过实践进行验证。如果将体育教学中的相关教学理论和教学方法运用到体育训练中，在高强度的体育训练中，相关体育教学理论必然得以验证，多样化的教学方法必然在体育训练中发挥作用。体育训练中使用的教学方法都比较有效，使用体育训练的教学方法指导体育教学中的某些项目训练，必然会带来令人满意的结果。因此，体育教学和体育训练要想实现双赢，共同促进学校体育工作发展，还需要从教学方法上进行互补。

综上所述，体育教学和体育训练作为体育运动的重要组成部分，两者之间存在差异，也存在共通之处。两者都对提高学生的身体素质，促进体育运动顺利进行发挥了作用。教师应针对体育训练和体育教学的异同进行分析，把握两者的特征，寻找教学共通之处，实现教学上的有效互补。体育工作者必须在日常实践中，把握好体育教学和体育训练的关系，互相交流沟通，从而提高体育教学和体育训练的水平。

第二节 体育训练与体育教学互动模式

体育训练与体育教学的互动融合，是对传统体育专业进行的深入改革与创新，能够提升体育训练与体育教学的竞技性和趣味性,提升学生的学习能力和实践能力,还能够增强学生的身体素质,提高体育专业人才的综合素质,确保体育教学的科学性和规范性。基于上述体育训练与体育教学互动的优势,本节主要阐述体育训练与体育教学互动模式的构建策略。

一、强化体育设施的互动建设

体育教学的设备不仅服务于教学管理,而且是学校体育教育、德育教育、美育教育的主要载体,这也意味着不能简单地把体育设施视为服务于教学的工具,而是要把体育设施的建设与体育训练终身化、大众化的趋势相融合。

体育训练能够展示新时代的师生风貌。体育设施既是进行体育教学的基础性物质条件,也是开展体育活动、丰富文化生活的基础设施,还是体育训练的基础设施。应以体育设施为载体,充分发挥体育设施的隐性教育功能,强化建设体育训练与体育教学互动体育设施。

体育教学设施不应该简单地承载体育教学,而应该以物质品位为导向,把办学的理念和新时代的精神融入物质文化的建设,既充分表达新时代人们的精神,对广大的在校学生形成隐性教育的功能;也要把体育竞技的精神、人文健康的氛围与教学文化相融合,缓冲体育教学紧张的氛围。

除此以外,强化建设体育设施,不仅可以推进实施体育教学与体育训练的互动模式,还可以让学生在互动阶段变得更加主动,并积极参与体育运动,养成良好的体育运动习惯,达到终身体育锻炼的目的,从而促进学生健康快乐地成长,拥有强健的体魄。

二、凸显体育文化的多元互动

体育文化是人类关于体育运动的物质、制度、精神文化的总和,是校园文化建设过程中不可或缺且独具活力的关键组成部分,其中居于核心主导地位的精神文化从本质上讲是养成健康体育思维习惯以及具备健康体育价值观念的核心部分。首先,鉴于当前各地区的体育场馆、器材设备等基础设施存在一定差异,学校可以在强化校园体育基础设施建设的大背景下,适度增加有关精神文化的教育内容,强化对学生的精神文化教育,进而在师资配备和人才培养的基础上筑牢根基。其次,重视体育精神文化建设所富含的文化底蕴,可以在校园建设规划中增设与体育相关的文化长廊等,营造浓厚的体育精神文化氛围。最后,在绿化、雕塑等人文景观建构中也要注重提升体育文化品位,借助可视化实物所传达的乐观向上精神，营造良好的体育氛围，进而为学生体育价值观的养成奠定良好基础。此外，学校在深挖体育文化内涵时，不仅要善于收集、辨识及加工各类信息，及时强化对学生的精神文化的内涵教育，也要注重学生的参与体验，进而促进学生的全面健康发展。

三、优化体育训练与体育教学的互动融合

对于体育教学，教师要善于挖掘体育教学与体育训练的优势，积极推进互动教学模式，就体育教学的开展情况进行进一步的创新与完善，突出体育教学的最终目的，优化体育教学的师生互动制度。

体育教学要强调规范意识，体现教学自由的理念。一方面，体育教学管理制度要对教学行为进行必要的规范，以保证教学管理目标的实现；另一方面，体育教学管理制度要体现教学自由的理念，能够激励体育训练与体育教学进行互动，并且能够激励体育教师创造性地教、学生积极地学。换言之，体育教学管理制度建设要坚持以学生为本，在教学控制与学习自由之间寻找适合的平衡点，既要注意发挥教学管理制度的规范功能，又要注意增加教学管理制度的弹性，从制度上保障学生的学习具有选择性、个性、弹性和开放性。为此，体育训练与体育教学互动可以从以下两个方面去完善现有的教学管理机制。

其一，保障体育训练与体育学习自由。体育训练与体育教学要从学生的实际需求出发，通过完善现有的体育选项课制度、改革体育教学评价制度等方式确保满足学生对体育训练与体育学习的实际需求。在训练与教学过程中注重体育训练方式方法与体育教学方式方法的多样性，既要在实际体育训练中让学生获得更多的体验感，也要在体育理论教学方面满足学生的个性化需求，真正使体育训练与体育教学的内容更加丰富充实。

其二，保障体育教师的训练与教学自由。体育训练与体育教学应当致力于营造开放、自由、协调的制度环境，保障体育教师的训练与教学自由，完善教师训练与教学技能与评价机制，鼓励教师在训练与教学上追求个性化，激发其创造性进行体育训练与体育教学的欲望。为此，学校相关职能部门在制定体育教学管理制度时应跳出"科学管理"的圈子，秉承"人本管理""柔性管理"等理念，加快完善配套的管理手段和积极措施，提高相关制度的弹性，从而保障体育教师在体育训练与体育教学过程中的训练与教学自治。

在体育训练与体育教学中，由于教师与学生拥有的权利、义务和责任不同，因此所处的课堂地位也是不同的。一般来说，在课堂体育教学活动中，教师处于

领导者与组织者的地位，承担着向学生传授体育知识、运动技术和技巧，培养学生养成良好的道德品质与锻炼习惯，从而达到促进学生身心发展的社会责任和历史任务。作为体育训练活动的组织领导者，体育教师的角色是多重性的，这种多重性主要是指他们在训练与教学中应承担的责任与义务。因此，体育教师除了必须在某一学科领域有自己的专长之外，还要担负学生监护人的角色，为此，体育教师在体育训练与体育教学中负有不可推卸的领导责任。正因为如此，体育教师在体育训练与体育教学中首先应严格地执行纪律，维护正常的体育训练与体育教学秩序，保证体育训练与体育教学活动顺利进行。此外，体育教师也要学会倾听，通过与学生沟通尽可能地缩小与学生在文化与心理上的隔阂，进而担负起培养一代新人的社会角色。

在体育训练与体育教学方面，将体育训练与体育教学进行互动融合，有利于体育训练与体育教学互动教学模式的快速推进，提高学生的体育成绩，让体育教师也能够展现出自己的教学优势，在体育训练与体育教学中发挥出自己的个人价值。尽管体育教学与体育训练有所差异，但是二者都必不可少。体育教学能够给学生传递体育理论基础知识，让学生认识到体育运动给自身带来的价值，促进学生广泛地参与各项体育运动。而体育训练是在理论基础上的实践内容，能够更好地将理论付诸实践，帮助学生对知识进行巩固记忆，彰显体育教学效果，达到素质教育的最终目的，让学生能够在体育知识学习中获益。

四、重视培养学生的体育意识

学生体育意识的高低会直接影响学生体育学习与体育训练的状态。现如今，学生在参加体育活动时体育意识不足，没有重视体育学习与体育训练，将自己大量的时间与精力都放在了专业课程的学习上。由于体育意识不足，学生对体育学习的积极性与主动性没有得到充分的激发。只有增强学生的体育意识，使其认识到体育运动与体育训练能够更好地提升自己的身体素质，才能激发学生在体育学习与训练中的热情。

要想培养学生的体育意识，需要按照学生的实际情况以及体育训练与体育教学的实际情况，制订相对应的体育训练与体育教学课程实施方案。在训练与教学期间，体育教师还需要将创新性融入训练与教学，激发学生的体育训练与体育学习兴趣，通过体育教学与体育训练互动的教学方法，提高学生进行体育学习与体育训练的积极性。

第三节 体育训练与体育教学协调发展模式

一、体育训练与体育教学协调发展的重要性

（一）有助于增强教师和学生的安全防范意识

体育训练与体育教学的协调发展，有利于增强体育教师和学生的安全防范意识。体育教学的有效开展需要体育教师具备扎实的体育专业理论知识与相关的安全意识，只有体育教师不断强化自身的安全防范意识，才能够将这种意识更好地在体育教学课堂上传递给学生，而强化体育训练更是为安全防范意识的传递提供了平台，让体育教师可以在学生的体育训练过程中正确地引导和传授学生相关的安全防范知识，以避免学生在运动过程中出现意外损伤。在日常的体育训练中，运动训练强度大、时间长，必然会有运动损伤的发生。在体育训练与体育教学的协调发展中，教师可以通过体育与医学的结合，引导学生掌握运动技能和相应的医学知识，并制订科学的体育训练计划，有效防控运动风险，最终减少运动风险的发生或者降低学生在体育训练中的损伤率。

（二）有助于提高体育训练与体育教学内容的丰富性

在开展体育训练与体育教学时，只有以学生自身的特点和兴趣爱好为依据选取简洁实用的体育训练与体育教学内容，才能够充分地调动学生的学习兴趣，促进学生积极地融入课堂。体育训练的内容十分丰富，经过不断实践积累，具有指导性意义。体育训练的教学内容具有科学合理性，因此，强化体育训练不仅能够丰富体育教学内容，还能够激发学生学习的积极性，使学生在积极的体育训练过程中收获强健的身体。

（三）有助于充分调动学生参加体育训练的兴趣

在社会不断发展的同时，人们的思想意识也发生了改变，人们逐渐认识到提升个人身体素质的重要性。体育训练具有针对性的内容，能够规范和指导学生进行正确的运动练习，同时能够有效地调动学生参加体育训练的兴趣，提升学生的身体素质。现如今，企业需要的是兼具才能与强健体魄的人才，因此，人才培养应以市场需求为依据，为学生开展体育训练，激发学生体育运动的兴趣和热情，

并充分调动学生投入体育训练的积极性，从而实现人才培养标准与社会人才需求标准的衔接。

二、体育训练与体育教学协调发展的策略

（一）树立协调发展的理念

笔者通过对体育训练与体育教学的异同、互补及互动性进行分析发现，体育教学和体育训练之间具有相辅相成的关系，因此，教师首先要树立协调发展的理念，才能更好地指导体育教学和体育训练的协调发展。教师在教学过程中首先要发挥自身的引导作用，不断更新自身的教育理念，创新教学方法和训练方式，培养学生的体育运动习惯和锻炼的意识。

这要求体育教师具备体育教学和体育训练协调发展的理念，结合该理念设计体育训练与体育教学内容，保证有效开展体育训练与体育教学工作。而学生作为训练与学习的主体，只有正确认识体育学习和体育训练之间的关系，遵循教师的指导，才能在体育运动的过程中，将体育理论知识应用于实践中，更好地促进自身的体育技能发展，从而树立正确的体育运动观念，使身心各方面协调发展。

（二）激发学生的学习主观能动性

学习主观能动性也叫自觉能动性，具有学习主观能动性的学生是学习的主体。学生的个体学习，不管是在掌握知识上还是在获得技能上，抑或是培养个人道德素质以及修养品质上，都不能被其他人代替。

只有充分调动学生的学习主观能动性，才可以提高其学习效率。因此，教师要引导学生树立正确的学习目标。在学习过程中，学习目标可以指引学生学习的方向。另外，还要提高学生体育学习的兴趣。体育教师要遵循因材施教原则，从实际情况出发，有的放矢地做好体育训练与体育教学工作，基于灵活多样的方法提高学生体育学习的兴趣。

参考文献

［1］陈玉群.体育教学改革与发展历程的动态研究［M］.北京：光明日报出版社，2016.

［2］蒋宁，王卓华.传统与现代交汇下的体育教学改革探索［M］.成都：西南交通大学出版社，2016.

［3］吉丽娜，李磊.高校体育教学与训练理论实践探究［M］.北京：地质出版社，2017.

［4］冯涛.足球教学设计与训练实践研究［M］.长春：吉林大学出版社，2018.

［5］罗玲，温宇，蓝芬，等.体育教育教学改革研究［M］.北京：民族出版社，2018.

［6］梁帅，梁久学.体育创新研究与探索［M］.北京：北京燕山出版社，2018.

［7］孙海勇.篮球教学创新与系统训练研究［M］.长春：吉林大学出版社，2019.

［8］郭庆凯，秦宇阳，史友国.体育教学与体能训练［M］.北京：中国纺织出版社，2019.

［9］张丽梅.体育教育的多维研究与训练［M］.北京：中国纺织出版社，2018.

［10］邹毅超.体能训练的理论与实践研究：体能训练对大学生体质健康的影响［M］.成都：电子科技大学出版社，2019.

［11］魏华，任政.体育与健康［M］.北京：航空工业出版社，2020.

［12］闫萌萌，张戈.当代高校篮球教学与训练实践研究［M］.太原：山西经济出版社，2021.

［13］杨青春.体育教学中的体育训练思考［J］.新课程，2021（31）：170.

［14］黄晓波.新时代背景下体育教学与训练的理论和实践探索［J］.当代体育科技，2021，11（19）：251-253.

［15］赵钧.高校体育训练创新的重要性及策略研究［J］.田径，2021（5）：5-6.

[16] 王燕，孔瑞云.论多媒体技术在高校体育教学中的应用[J].中国报业，2021（24）：122-123.

[17] 高超.终身体育视阈下高校体育教学的定位与发展[J].梧州学院学报，2021，31（6）：49-54.

[18] 吕晓龙.试论高校体育教学的困境和出路[J].田径，2021（12）：70-71.

[19] 姜宇航，孙宇.网络时代高校体育教学的改革创新[J].赤峰学院学报（自然科学版），2021，37（9）：76-78.

[20] 代斌.实现高校足球训练教学科学化的路径探析[J].现代农村科技，2021（9）：83.

[21] 王荣.高校篮球教学及训练有效性提升的措施研究[J].当代体育科技，2021，11（31）：83-85.

[22] 张彦.探究篮球教学与训练的新路径[J].江西电力职业技术学院学报，2021，34（10）：36-37.

[23] 邱家凯，宋述雄，刘从梅，等.动商视域下的高校排球教学训练探究[J].当代体育科技，2021，11（10）：134-137.

[24] 许佳.高校田径训练中存在的问题及发展对策研究[J].田径，2021（12）：73-75.